二人のジャーナリストが熱く語る

# 日本に外交はなかった

## ——外交から見た日本の混迷

宮崎正弘・高山正之 著

目次

## 上　古代から明治維新

01　「日本に外交はなかった」という言葉……010
02　研ぎ澄まされた聖徳太子の外交感覚……016
03　日本文化を花開かせた菅原道真の「遣唐使」廃止……018
04　元寇に見せた北条時宗の外交……022
05　足利義満の屈辱の外交……024
06　とんでもない朝鮮通信使……026
07　鎖国は賢明な外交政策……034

contents

08 キリスト教排除 …… 040
09 江戸の外交 …… 052
10 幕末に見る日本人の気概外交 …… 060

下 明治維新から現代

01 マリア・ルス号と榎本武揚 …… 072
02 朝鮮半島問題で引きずり込まれた日清戦争 …… 078
03 お雇い外国人エミール・ベルタン …… 084
04 お雇い外国人ヘンリー・デニソン …… 092
05 外交官試験に通った堀口九萬一と白鳥敏夫 …… 098

06 三国干渉とドイツ …… 102
07 日英同盟と日露戦争 …… 108
08 対華二十一か条要求 …… 110
09 日米対立 …… 120
10 日米開戦 …… 124
11 真珠湾奇襲 …… 138
12 「最後通告」手交遅延 …… 146
13 アメリカのエージェントとなった外務省 …… 152
14 外交官試験廃止 …… 158
15 ノンキャリアを虐める外務省 …… 164

contents

16 教育主権を中国、韓国に譲り渡した……170

17 慰安婦問題で朝日新聞と共犯になった外務省……178

18 南京事件が世界遺産になった……186

19 三島由紀夫が乗り移ったストークス……196

宮崎正弘

ジャーナリスト

それほど大きな戦争責任のある
外務省の長（外務大臣）が靖国を参拝
しないのは許されることではない。

# 高山正之

ジャーナリスト

小村寿太郎の言に倣えば、
「日本から外交がなくなった」ということだね。
独立国の証の外交を放棄しているのだから。

# 上　古代から明治維新

# 01 「日本に外交はなかった」という言葉

——「日本に外交はなかった——外交から見た日本の混迷」という書名のこの本ですが、日本に外交がないと見えるのは近時のことであって、日本の長い歴史を見ると、それ以前の古い時代には必ずしも日本に外交がなかったわけではないといえなくはありません。その「日本に外交はなかった」というようなところから入っていただけますか。

**高山**　この表題の、「日本に外交はなかった」というのは、小村寿太郎の言葉なんだね。

**宮崎**　彼は宮崎県日南市出身。一五〇センチあるかないかの人でしょう。鄧小平《とうしょうへい》とか、胡耀《こよう》邦《ほう》と同じだ。中国では、チビほど世の中を激動させるという神話があるから、こびとはむしろ尊敬されるのですよ。

**高山**　実際に小村寿太郎が、明治二十六（一八九三）年に北京に赴く時に言った言葉が、この「日本に外交はなかった」なんだけど、オレが本当の外交をみせてやるという自負があったんだろうね。この日清戦争直前という時期、日本は実にすごい硬派の外交をやっている。ハワイ王朝の乗っ取りが一八九三年でしょう。日清戦争の直前だね。あの時、ちゃんと砲艦外交をやって見せている、日本は。

**宮崎**　武器を伴わない戦争が外交なのです。そういう意味では砲艦外交は外交のカテゴリーに入ります。国際常識でしょう。

**高山**　あの時アメリカが力尽くでハワイ王朝を乗っ取った。リリウオカラニ女王を力尽くで退位させて、ハワイ共和国を立ち上げた。指揮をとったのが、サンフォード・ドール。今、ドールのジュースを売っている、あのドール。

王領だったラナイ島をその時、乗っ取ってパイナップル農場にした。その男が共和国の初代大統領に納まった。あれはもともと王領だものね。王様の領土を勝手に取って、国も取っちゃった。日本人はドールのジュースを飲むべきじゃないね。

あの時代は白人が勝手によその国をとっても構わなかった。しょうがないやと。有色民族はやられて当たり前の時代だった。

**宮崎**　そんなところに、東郷平八郎が巡洋艦「浪速」とコルベット級の「金剛」を率いて乗り込んだ。「あいや、暫く、勝手は許さん」と。

**高山**　そう。二隻はアメリカの軍艦を挟むように投錨した。この軍艦がドールたちと通じてイオラニ宮殿に砲口を向けてリリウオカラニ女王に退位を迫った「ボストン」だ。

**宮崎**　アメリカの横暴の象徴だね。それを二隻が挟む。お前たちの好きにはさせないというメッセージだった。

**高山**　ハワイ共和国代表が来て「白人のハワイ共和国樹立を祝うから祝砲を頼む」と言ってきた。対して東郷は「その要を認めず」と拒絶した。ホノルル港にいた各国の軍艦も商船も東郷に倣って祝砲も撃たず、汽笛も鳴らさなかったと当時の新聞は伝えている。「まるでハワイ王朝の喪に服しているように静まり返っていた」と。

**宮崎**　今の外務省には国防意識が希薄なうえ、防衛省を見下しているところがありますから、とても無理な芸当でしょうね。

**高山**　あまりに効果的で結果的にはセオドア・ルーズベルトをかんかんに怒らせたけれど、大東亜戦争にも通じる大した外交だったと思う。それに比べ日本には外交がないとかいった小村寿太郎は自分でそう言いながら、一体何だったのか。日清戦争では三国干渉をむざむざ許し、日露戦争ではルーズベルトに翻弄されて白人国家に振り回されたじゃないか。

**宮崎**　そこで冒頭に早くも「日本に外交はない」ということを明らかにしておきたいのだけど、外交とはそもそも軍事力と情報力とが背景にあって、しかも地政学にもとづく国家戦略がなければ、成り立たない。

近代の地政学の祖はクラウゼヴィッツですが、その『戦争論』は「外交とは武器を伴わない戦争」と定義しているじゃありませんか。

外務省諸兄よ、あなた方は国の命運をかけた戦争として外交をやっているかね、と。

まず日本が最初に経験した対外戦争、白村江《はくすきのえ》の戦いから連想することですが、拉致された国民同胞を「話し合いで解決する」という発想は本来、平和ぼけそのものだということです。

戦後の日本には軍事力を背景に外交交渉を進めるという発想も実力もないわけだから、世界から笑いものになっている。

しかし「刀伊《とい》の入寇」では拉致された人々を軍事力で奪還したという歴史的事実があります。「白村江の戦い」で百済《くだら》を支援した日本軍はなぜ大敗北を喫したのか。

それは、支援に駆けつけた日本軍が烏合《うごう》の衆だったうえ、敵側の大型船に対して小型船団では対処できなかったからとのことだけれど、ともあれ、敗北によって日本の平和ぼけを吹き飛ばし、防衛を強固にするために北九州から日本海沿岸の各地に砦を築き、太宰府を守り抜き、しかも都を遷都するほどの防衛システムを築き上げたことが、今日の私たちへの教訓でしょう。

しかしせっかくの防人《さきもり》体制も、平和ぼけの平安時代になると廃されてしまい、これもまた戦後何十年も平和が続くと、おかしな国民を産んだように、隙をついて、外敵は対馬、壱岐、九州各地の沿岸に出没し始め、強奪、拉致を繰り返した。

つまり防人制度が崩壊したことによって「力の空白」が生まれ、外国の海賊の跋扈《ばっこ》を許す結果となった日本は、平安時代最大の対外的危機に直面したのです。

**高山**　いまとそっくりね。

**宮崎**　北に同胞が拉致されても手出しができない。ロシアに全千島、南樺太を奪われたのに「北方領土」だけ返せと叫ぶだけ。韓国に竹島を奪われても見ているだけ、尖閣諸島を中国が強奪しようとしているのに「アメリカが助けに来てくれるかな」という議論を繰り返している今の日本。

「刀伊の入寇」事件は次の経過を辿りました。

「寛仁三（一〇一九）年三月二十七日、正体不明の約五〇隻の海賊船が対馬を襲撃、約三千人の海賊は、島民三六人を殺害し、三四六人を連れ去った。壱岐も襲撃を受ける。国司の藤原理《ふじわらまさ》忠《ただ》は一四七人の兵士を率いて迎え撃つも、数に勝る海賊に追い込まれて死亡、兵士も全員が討ち死にする。壱岐島では島民三六五人が殺害され、拉致された者は千二〇〇を超えた」。

まるで北朝鮮による拉致事件続発を彷彿とさせる。

しかしその後、九州の武士団はリーダーシップの下に団結を強めて防衛を強化し、海賊軍の襲来を撃退し、ついには「海賊に拉致されていた対馬や壱岐の人々の一部を脱出させることに成功している」（以上、濱口和久『日本の命運―歴史に学ぶ40の危機管理』、育鵬社）。

「海賊は当初は高麗の海賊」と考えられていたけど、その後の調査で「ツングース系の女真族」だったことが分かっています。

現代日本への歴史の教訓とは、強盗、襲撃には容赦なく報復し、人質を取り返すには「話し合い」などではなく、即断する決断力と軍事的な実力行使が必要ということですね。

## 02

# 研ぎ澄まされた聖徳太子の外交感覚

**宮崎**　古いことを言い出すのなら聖徳太子の時代に遡《さかのぼ》りますが、聖徳太子だって、支那の王朝が弱まって滅びつつあるという事情を知ってたから、強気に出られたわけでね。外交の基本は情報です。聖徳太子は隋の衰退を知っていて、六〇七年、隋への国書で「日出ずる処の天子、書を日没する処の天子に致す。恙《つつが》無きや、云々」ということになるわけで、その点でやはり聖徳太子は立派だった。

遣隋使や遣唐使を送ったのもこの時点では賢明といってよいかもしれません。その後まもなく朝鮮半島では、新羅《しらぎ》が唐の力を借りて、百済と高句麗を亡ぼす。そして新羅は唐に呑み込まれようとする時、押し寄せる唐の大軍の前に、新羅国王は恐れおののいて六七二年のことなんだけど、唐の高宗に国書を出した。その出した国書には、「たとえこの体を粉にし骨をすりつぶしても、鴻恩《こうおん》にこたえることはできず、頭を砕いて灰燼《かいじん》に帰しても、このご慈恵に報いることはできません」とまで書いて、へりくだっていた。中国と陸続きの朝鮮半島では仕方が無かったというよりほかはないけれど、ひどく屈辱的なものです。

**高山**　しかし、隋の煬帝《ようだい》は高句麗との戦いの関係で、特に日本に対して行動を起こすことはできなかった。情報戦の勝利ということだね。

これは言っておかなければならないのは、隋や唐は新羅と一緒になって高句麗を攻めて滅ぼしたことだ。つまり、新羅の朝鮮半島統一は新羅が外国の軍事力を借りて成し遂げている。日本では他国の兵力を引き入れて国内の敵を倒すという発想も例もない。

そう言えば、明治維新前夜には米・英・フランスが盛んに力を貸しましょうと介入を迫った。でも日本は相手にしなかった。彼らの素行は阿片戦争やなんかで十分心得ていたからだ。

**宮崎**　裏返して言うと、日本に外人部隊創設という発想がないのもその所為《せい》でしょう。

# 03
# 日本文化を花開かせた菅原道真の「遣唐使」廃止

**高山**　則天武后《そくてんぶこう》って支那人には非常に評判悪いよね。彼女は父の後宮から出て息子の嫁になった大した女性だけどその勢いで、唐の一時期、天下をとって国の号も周と改めちゃった。

十五年間だけどその時に遣唐使というか、唐のつもりで日本人が行った。唐がなくなってい る。粟田真人《あわたのまひと》たちだけど、本当にびっくりしたと歴史書に書いてある。それでも日本からの使いとして宮殿に上がる。そして、そこで四十年も前の白村江の戦いで捕虜になった日本人を見つける。

**宮﨑**　日本人ですか。朝鮮人じゃなくて。

**高山**　日本人。捕虜になってた。それで捕虜は……。

**宮﨑**　当時の感覚では人間扱いされていませんよね。

**高山**　彼らは唐の王室に献上されて、そこの召使いとして使われていた。白村江から四十年、結構な齢になっていた。何かどこかで、あれは宮崎さんのコラムだったと思うけれども、奴隷って人の財産だ。それでも粟田真人は、彼らは日本人だ、連れて帰りたいと言った。あんたの奴隷をくれということは、あんたの財産が欲しいということと同じ。非常に失礼に当たる。
　ところが則天武后は心安く返してくれた。支那の歴史はともかく本当は義理も人情も分かるいい女帝だったのではないか。

**宮崎**　いったい則天武后はどういう心理が作用して、そうした人道的外交を展開したんでしょうね。

**高山**　四十年たってる。その時二十歳ぐらいで出てたら、六十歳ぐらいのじいさんだね。

**宮崎**　かなり奇跡的。きっと少人数だったんでしょうね。

**高山**　三人ぐらいいたんじゃないの。ともかく、まとめて連れて帰ったという記録が残ってる。こういう素直な外交というか、日本人の心が通じる国もあったんだね。

**宮崎**　次に日本の外交の正しい成果といえば、やっぱり遣唐使の廃止じゃないですか。菅原道《みち》真《ざね》の建言による遣唐使廃止です。

**高山**　あれは結局、中国からいろいろ学ぶといっても、彼らがやることといったら、例えば奴隷制であり、宦官であり、女の足を縛って一〇センチほどの小さな足にする纏足《てんそく》。もうあの頃やってた。宋の時代からやっていたよね。それから残酷刑だとか、ろくでもない文化しかなかった。科挙も支那文化の一つの形で、菅原道真は確か科挙で出世した一人だった。

ただ道真は自分がなったんだけど、この科挙の制度もろくでもないことが分かって止めた。遣唐使も止めた。要するに、あの国に学ぶものはないと。

**宮崎**　田中英道『「やまとごころ」とは何か』（ミネルヴァ書房）に書いてあることだけど、「遣唐使より遣日使の数が多かった、回数も多かった」。

ところが、この事実はなぜか戦後左翼学者によって軽視されてきた。日本人と支那人の違いはここにあります。

はじめから支那に位負けしているので、「そんな筈がない」という先入観があり、支那のほうが日本より一貫してまさっていたと誤解してきたわけでしょう。

あの鑑真《がんじん》とて、永住のつもりで日本にやってきた。しかし阿倍仲麻呂は、帰国の意思を最後まで捨てずにいたのです。彼は支那に亡命したのではない。

さて遣日使は天智天皇の治世には、毎年のように、六六九年には朝散太夫《ちょうさんたいふ》の郭務悰《かくむそう》ら計二千余人、六七一年には計二千人と、多数の船と唐人が来朝していることが記録されています。

渤海《ぼっかい》からの遣日使は約二百年のあいだに三三回にわたり、反対に日本からは一三回。つまり日本の二・五倍ですよ。

そして「半世紀に数千人の留学生らが日本にきた」という記録から推定すると、当時の人口から勘案して現代の日本に四〇万人の留学生が犇《ひし》めいていたことになる。

現在、在日中国人は八〇万人、留学生七〜八万、日本にすでに帰化した中国人一一万人。多くが巧みに日本語をあやつる。なんと酷似する状況でしょうか。

対照的に中国に帰化した日本人はごく稀。中国への留学生は語学留学が九〇パーセント、ほぼ全員が帰国します。赴任でいやいや中国へ行く日本人の過半は現地でも中国語を覚える意思さえないでしょう。

すると文化的優位がどちらにあるかは小学生でも判る。

# 04

# 元寇に見せた北条時宗の外交

**高山**　先日、対馬に行ってきた。二度の元寇の被害に遭った地ですね。朝、沖に九〇〇艘の元軍がきた。糧食のあんころ餅を作る間もない。つき上がった餅に茹でた小豆をまぶし、塩をふりかけて山に入ったという伝説がある。

このとき宗家二代目資国《すけくに》は僅か八〇騎の手兵を連れ、小茂田浜に上陸した一千人の高麗軍と戦い、討ち死にした。逃げ遅れた島民は皆殺しにされ、女は手に穴をあけられ、元軍の船の舷側に吊るされたと日蓮の記録に残る。

次に襲われた壱岐は対馬と違って隠れる山がない。ほとんど殺戮し尽くされた。相手民族を殺しまくる。略奪し、女は犯す。日本人が全く知らない「大陸に棲む者たちの戦争」を初めてこの二つの島の民は味わったわけだ。

資国は首と体が別に見つかり、それぞれに塚が作られた。元の手先になった高麗を含め大陸に対する警戒は怠らないぞという意味が込められている。

しかしアホな郷土史家が朝鮮支那と友好をとか言い出して、多くの血を流して得た折角の外交知識を潰してしまった。このことは朝鮮通信使の話のところで語りたい。

**宮崎**　このときの戦法は、教科書にもよく出ているけれど、最初の文永の役で初めて大陸の兵士と戦った。鼓を打ち、銅鑼をならし攻めてくる。

その音の大きさに日本の馬は跳ね狂う。日本は一騎打の戦法に対して、敵は徹底して集団戦。さらに「鉄砲」という火薬を使用した武器を使う。

日本の戦法は集団戦に慣れていなかった。そして大陸の軍隊は民間人を平気で殺すということ。これはいかに日本の武士は大陸的な戦争に馴染んでいないかということで、日本は戦争の少ない国だということを明らかにしている。

**高山**　元寇の時の総指揮官は執権の北条時宗ね。最初の一二七四年の文永の役の時は若干二十三歳。

一二八一年の弘安の役では、元から遣わされた使いを決然と斬っている。今なら、外交官特権を認めていないということになるんだけど、先の文永の役の際の蒙古軍の振る舞いに対し決然とした態度を示す必要があった。台風もあって勝敗が決まった後で、投降を乞うた蒙古兵を斬っている。捕虜を殺害してはならないという国際法のなかった時だから、これも仕方がない。

だが、その後で、北条時宗は違った。北条時宗は敵の死んだ蒙古兵とともに元寇で死んだ者の霊を慰めるために円覚寺を建てた。怨親《おんしん》平等という仏教の教えに従ったわけだ。

## 05 足利義満の屈辱の外交

**高山**　元寇で中断していた支那との貿易の再開は財政を預かる幕府の長ならだれでも考える。足利義満がそれを試みた。いわばアシカガノミクスだ。

相手はたまたま甥っ子を殺して帝位を簒奪《さんだつ》し、国内からも非難囂々《ごうごう》の永楽帝だった。学者の方孝孺《ほうこうじゅ》は永楽帝の帝位は認められないと突っぱねて、一家眷属《けんぞく》どころか、嫁さんの方の眷属まで皆殺しにされている。

そんなときに義満は永楽帝を支那の正統の皇帝として、書を送った。永楽帝は多分、ああ、あの元の大軍もやっつけた東方の雄から祝辞がきたと涙を流して喜んだと思うんだ。

それで「日本国王の金印」を授けて勘合貿易が始まった。その称号がどうのというけれど、あれは日本側の妬みだね。相手の状況を見て実利を取る。義満の立派な外交だったと思う。

**宮崎**　永楽帝の話が出たところで、中国の易姓革命なるものが如何なる実態のものか言わせてください。最近、蒙古系の中国人、張宏傑という人が書いた『中国国民性の歴史的変遷―専制主義と名誉意識』（集広舎、二〇一六年）という面白い本が出ていますが、それによると明を立てた朱元璋《しゅげんしょう》はゴロツキの出であり、第三代永楽帝となった朱棣《しゅてい》は表面的には仁愛を装っていたが、実は骨の髄からならず者だったという。

第十一代の武宗となった朱厚照《こうしょう》は、更に酷い無類の徒で、読書を好まず、ほとんど字を知らなかった。

次の代の世宗《せそう》は変態性欲者で、公然と大臣たちに媚薬を献上させ、ある時には一日に数十人もの女性と交わったとか。

日本では政治の支配者である将軍だって、こういうことはしない。ましてその上の天皇のこととなると、絶対に考えられない。

つまり日本は、天皇の国であり、そのような権力者は出てこない。このような愚かな人間が国の最高権力者になることはない。

そこでこのような人物が政治の最高指導者になる国では、国民も変質する。同じくこの本で翻訳者の小林一美氏が魯迅《ろじん》の言葉として紹介しています。曰く、「暴君治下の臣民は、たいてい暴君より更に暴である」、「暴君の臣民は、暴政が他人の頭上にだけ振るわれるのを願い、彼はそれを見物して面白がる〝惨酷〟を娯楽とし、〝他人の苦しみ〟を賞玩し、慰安するのだ。その本領はただ自分だけが上手に免れることだけだ」と。

まったくこの通りだよね。易姓革命がいかに悲惨な歴史を展開させるかということです。

# 06 とんでもない朝鮮通信使

**高山**　次は朝鮮通信使だ。義満の後、義教《よしのり》のころからやってくるようになる。室町時代にやってきた通信使は李氏朝鮮の二代目の世宗が派遣した短期留学生のようなものだった。

世宗から何を学ぶかを命ぜられていたようで、まずは灌漑用の水車の作り方の指導を頼んだ。その他、やれメッキの仕方を教えてくれとか、紙の漉き方から染色の仕方まで教えてくれと。

**宮崎**　生殖の仕方も習ったんじゃないの。

**高山**　それも教えたんだろうけれども、全く教え甲斐がなくて、次に来るとまた同じことを「教えてくれ」だった。せっかく日本から文化を学んでも駄目だった。それは筑波大学の古田博司教授が指摘しているように、文化がどんどん後退、衰退していったらしい。昔は木工もできたのに、とうとうそれもできなくなった。木を丸めて車輪を作ることもできなくなったと。

ただ、これは想像なんだけど、彼らはひらがな・カタカナの機能を学んだのではないか。日本人が漢字を使いながらひらがなを使って日本語として咀嚼《そしゃく》しているのを見て、それで、諺《オン》文《モン》、今で言うハングルを世宗が思いついたんじゃないか。「ではウチでも朝鮮平仮名を作ってみるハムニダ」とかね。

要するに、日本式かながハングルになるわけだ。宮脇淳子さんにその推測を話したら、諺文文字はモンゴル語系のパスパ文字（モンゴル文字）をまねたものだという。

彼らはこのとき、漢字を自分たちの言葉で読むという、ひらがな・カタカナの考え方を学んだ。ただ、独創性がないからパスパ文字を利用したのだろう。

この朝鮮通信使が二言目に言っているのは、「ああ、悔しい」だった。「こんないいところを日本が持ってる」とか、「こんな瓦葺きの家々があって悔しい」とか。

要するに、嫉妬と嫉みに狂ってるわけだ。世宗が「これはいい」と諺文を生み出したけれど、次の代になると「何だ、諺文のヒントは日本かよ」という独特の彼ららしい反応が出てくる。

**宮崎**　日本から教わったなんて「恥スミダ」と思ったわけですか。

**高山**　だから、そう考えると、非常に理にかなってる。世宗のあと諺文をパッタリ使わなくなった理由はそこにあったんじゃないのかな。

**宮崎**　日本は日韓併合以降、四千の学校をつくり、読み書きを普及させた。世宗から五百年。

水車にしても、水は高きから低きに流れるという原理は知ってるし、水車のてこの応用までは知ってた。

ところが日本には歯車によって違う方向に力がいくという技術があって。それが目がくらむような応用技術なんだよね。例えば陶工にしたってそうじゃないですか。

みんな、向こうから来たなんて言ってるけど、全然違う。

あれは優秀な陶工を呼んで、日本は粘土の山まで与えて、畑まで供与し、待遇がものすごくよくて。絵付けの技術とか、みんな日本が教えたらしい、それで、これは最高の環境だからみんな仲間を呼んで、「あんたたち、もう帰ってもいい」と言っても、誰も帰らなかった。朝鮮にね。

**高山**　そうそう。だから秀吉が無理やり連れてきたというのではない。通説と全然違うわけでしょう。

ここまでが最初の朝鮮通信使で、それが徳川幕府になって再開されるけれど、二度目は全く性格を異にしている。

何というか、彼らのための招待旅行みたいなものだった。というのも、発端は朝鮮征伐の後始末から始まった。「秀吉の時代、あなたの国を随分荒らしました。ご招待するので友好親善と貿易を再開しましょうか」から始まった。

その交渉を任されたのが対馬の宗家二十代目宗義智《よしとし》。関が原では西軍について徳川に敗れた。

本来なら領地没収、改易となるところを「朝鮮との関係修復と朝鮮貿易の再開」を命ぜられた。

しかし秀吉の朝鮮征伐では小西行長について朝鮮軍を破って漢城を落としていたために、最初の交渉役は向こうで惨殺された。いかにも朝鮮らしい。それでも何とか関係修復を達成した。

その成果がつまり江戸期の朝鮮通信使になるわけだけれど、日本側は朝鮮征伐という負い目がある。彼らはそこに付け入った。

毎度、四〇〇人くらいでやってきては文字通りの大名旅行で江戸に参内《さんだい》した。なにせ貧乏な国だから、途中の宿で出された食器から床の間の陶器から掛け軸から緞子《どんす》の布団まで洗いざらい持って行った。

京都大学所蔵の朝鮮通信使の道中絵が残っていて、彼らが民家の鶏を盗み、住民が追いかけて朝鮮人たちを懲らしめるさまが描かれている。

面白いことに日本側の住民は格子柄とか紺や黒の衣装なのに、彼らはみな一様に真っ白の着物姿に描かれている。

**宮崎**　朝鮮は貧しい上に染色の技術がなかった。みな洗いざらしの木綿服ばっかりだったという史話をちゃんと描き示していたわけだ。

**高山**　一行は徳川家の新将軍が就任すると、それを口実にやってきてはどんちゃんやっていく。

家宣《いえのぶ》の時代、新井白石が何の知的刺激もない、意味なく財政を浪費しているだけと通信使の廃止を献策した。一回に一〇〇万両かかった。大変な額だ。それに彼らの道中の盗みもあり、幕府はその弁償もしなくてはならない。

**宮崎**　だけど福田康夫のように人の嫌がることはしない、外国に良く思われたいと思う浅はかな日本人もいる。このときは老中の土屋正直がいい顔をしようとした。

**高山**　白石も老中がそう言うのじゃあ仕方ない、ただし接待は質素に、宿屋にはいいものは隠せと指示して経費を半分くらいにしたらしい。

**宮崎**　白石が偉いのはやっぱり国際情勢に通じていたことでしょう。禁令を犯して日本に入り込んだ宣教師シドッチを生かして西洋事情を聴きだした。

**高山**　一七〇八（永宝五）年、日本にやってきたシドッチね。

**宮崎**　本名はジョヴァンニ・バッティスタ・シドッチと言って、イタリアはシチリア島生まれのカトリック司祭でしたね。

江戸幕府が禁教政策に転じているのを構わずに、鎖国中の日本へ出航する。最初は鹿児島県屋久島に上陸したのだけど、言葉が通じないために捕えられ、長崎から江戸に護送される。

幕政を担っていた新井白石が直接、尋問し、彼は尋問の内容をまとめた『西洋紀聞』と『采《さい》覧《らん》異言《いげん》』（世界地理書）なる名著を残す。幕府に白石は「本国送還」を具申したのですが、江戸幕府はシドッチを茗荷谷の切支丹屋敷へ幽閉します。

注目すべきは、江戸幕府は彼をすこぶる寛大に扱い、拷問もなし、囚人ではなく、二〇両五人扶持ですよ。しかし「宣教をしてはならない」という条件を破ったため、地下牢に移され、一七一四（正徳四）年に衰弱死する。

余談だけど、二〇一四年にこの切支丹屋敷跡地を発掘したところ、驚くべきことに人骨が発掘され、国立科学博物館が調査したところシドッチの人骨とわかりました。まさに異国に骨を埋めた。

朝鮮通信使への対応の違いを見ると、朝鮮通信使は日本にとって何の益もなかったということになる。

**高山**　白石のアンチ通信使の思いはその後、家斉のときに再燃して、老中松平定信が朝鮮通信使はもう江戸まで来なくていい、どこか適当な場所、対馬辺りで接待すればいいと言い出した。いわゆる「易地聘礼《えきちへいれい》」というやつ。

朝鮮側はもっと物見遊山させろ、江戸まで行かせろと騒いだが、一八一一年、対馬での聘礼があって、朝鮮側はそれを最後に来なくなった。いかに意味がなかったか、この結末が実によく物語っていると思うね。

**宮崎**　この朝鮮通信使は対馬から瀬戸内に入って広島の鞆《とも》の浦に上陸するのが定石だった。あそこは絶景の地だったけれど、それ以上に瀬戸内の要衝《ようしょう》でもあった。

だから足利も都落ちしたとき、あそこに幕府を二か月くらいは開いていた。島津も鞆の浦に必ず泊まった。あそこは結局、交通の要衝であると同時に当時の内外の情報拠点だった。

**高山**　鞆の浦はいまは開発反対の妙な左翼が頑張っていて道路の拡幅も認めない。すっかりさびれてしまい、少なくとも交通の要衝ではなくなった。

**宮崎**　二年前にも鞆の浦へいきましたが、結構外国人観光客が来ていましたよ。日韓共同で来年とかにユネスコの記憶遺産にするとか頑張っている。朝鮮通信使をもっともらしく飾り立てるのではなく、はっきり彼らがニワトリ泥棒で、今と変わらないことを示す記憶遺産にするのは歓迎ですが……。

**高山**　日本には朝鮮経由で支那からの文化文物が伝わった風な誤解があるよね。それが大いなる過ちだということを実はこの二つの、つまり室町期、江戸期の朝鮮通信使の実態が示している。

彼らは唐辛子を倭辛子という。日本から伝わったことを示している。支那大陸の南部、寧《ねい》波《は》、あるいは広東を経て日本に来た文物や生活調度品が日本から半島にもたらされたということの証拠でしょう。

現に半島では川の名前は洛東江とか漢江とか言う。江戸の「江」が川を意味する。支那では朝鮮に近いはずの北京周辺が黄河とか熱河、遼河とか、川を「河」と書く。対してそれこそ日本と交流のあった寧波以南では長江、黄浦江、珠江など「江」が使われる。朝鮮に漢字が流れたのも日本経由と言ってもいいじゃないか。

とにかく黄文雄さんは、あそこには文化のブの字もなかった、まともな社会集団もなかった、文化的には無人の時代が長かったと指摘していますからね。水車の作り方も知らなかったぐらいだから。

## 07 鎖国は賢明な外交政策

**宮崎** 徳川家康から始まった江戸幕府が、幕府を開いて早々にやったのが鎖国でした。これはなかなかよい外交の一種でした。

軍事学で著名な兵頭二十八さんが『「地政学」は殺傷力のある武器である』（徳間書店）という本でね、「どの国家も、地理が政府の性格を規定しているので、昔と同じ〝決定のパターン〟を今後も延々と繰り返す可能性が高いのです。これなど地政学の真髄であり、ここをしっかり掴んでおくなら、外国とのつきあいで大損害をこうむることはありません。」と言う。そして「思えば江戸時代の『チャイナ・リスク』理解は、おそろしく的確でした。支那王朝とのつきあい方として『鎖国』にまさるものはなかったのです。それが日本人をいちばん安全にしていました。」と指摘しています。

まさにそのとおりで、日本の近現代史の悲劇は、支那とどうしても付き合わなければならなくなったことから来る必然の悲劇なのです。

**高山** 日本が鎖国したのか、相手が鎖国したのか、いずれにせよ「交流がない」という状態はどうだったか。

その卑近な例に「毛沢東の中国」を考えてみたらどうだろう。

これは宮崎さんの専門だけれど、毛沢東は井崗山《せいこうざん》から延安辺りをうろうろしていただけで、自分から国際社会に出かけることはなかった。

中共を建国したのが一九四九年十月で、その年の暮れにスターリンを訪ねてモスクワにいったのが彼の初めての国外旅行じゃなかったか。

**宮崎**　何でも飯から御虎子（おまる）まで持って行った。それくらい暗殺を恐れていた。

**高山**　ところがスターリンは彼を徹底無視して一か月近く放ったらかしにした。やっと一九五〇年二月、スターリンはわざわざ笑顔でもって中ソ友好条約を結ぶのだけれど、その裏で金日成と示し合わせて朝鮮戦争を企んでいた。

毛沢東が北京に帰って三か月後に北朝鮮の侵攻が始まり、そのうち追い返され、鴨緑江まで踏み込まれた。中共はその尻拭いをさせられるんだ。

共産主義者の醜さ満開だけれど、それは措いておいて、毛沢東はこれに懲りて国外旅行は敬遠し、人民どもも外に出さなかった。

つまり一種の鎖国だった。おかげで日本人は支那人に騙されることも、ピッキング被害も、福岡県の一家四人殺害事件などの被害も、毛沢東の時代には全くなかった。
鎖国というのは騙されやすい日本人には結構意味のある治安方策と言っていいんじゃあないかしら。現に日本では日清戦争以降、支那と直接かかわりを持ったその途端に碌でもないことばかり起きてくる。
面倒見てやったのに、日貨排斥、五・四運動、そして第一次上海事件も日中戦争に発展する第二次上海事件へと続く。そのすべてが向こうから仕掛けてきたものだ。

**宮崎**　南京事件の研究で知られる阿羅《あら》健一さんが日中戦争に関して、『日中戦争は中国の侵略で始まった』（悟空出版）で、面白いことを言っている。
日中戦争の緒戦である上海を舞台とした激戦を振り返って、「日本は中国からの攻撃にことごとく受け身であった。突如攻撃を受けた日本は、反撃のための作戦を立てて遂行したのであって、自ら中国を侵略するために何年も前から作戦を練って戦争を始めたのではないことは、はっきり理解できたと思う。むしろ中国が日本を戦争に引き込む準備を着々と進めていたこともわかったと思う。このことは戦中の日本の常識でした。GHQの情報操作によって、戦後の日本人は『日中戦争は日本の侵略戦争だった』と思い込まされたのだ」と。

**高山**　鎖国は常に日本が用意できる避難手段だった。それは「桜はうちが原産ニダ」とか「尖閣は二千年前から核心的領土だ」とか言い募る隣人が出てきた今にも言える。
国交断絶と言わないまでも、付き合いは昔の伝統に倣って葬式と火事だけにすればいい。

**宮崎**　だけど徳川幕府が賢いのは、長崎に出島をつくったりして世界の情報は入ってくるようにしている。
徳川家康だって、三浦按針ことウィリアム・アダムスを、やっぱり何度も呼び出して世界情勢を聞いた。そのうちあんまり彼が優れているので、自分の顧問にしているんですね。アダムスは航海術、造船、全部知っていたわけでしょう。全部部下に学ばせた。按針町まで与えた。アダムスは最後は、平戸なんだよね。なんで平戸に行ってるのか、不思議だったけれど、あそこでイギリスとの貿易をやらせていたのですね。

**高山**　横須賀に京浜急行の按針塚駅というのがあって按針塚があるよね。

**宮崎**　神奈川県の三浦郡に領地を与えて大切にした。何を言いたいかというと、家康の前まではみんな、ポルトガル一方通行だったわけですよね。
ずっと頭の中はカソリックだったわけでしょう。そこに、教会の全然違う会派のイギリス人がやってきて、世界情勢をまったく異なるアングルから説きだしたので、「ああ、そうか」と世界情勢の複合性を認識するに至った。

今までの世界観は間違ってるんじゃないかと思ってね。

**高山**　確かに日本人は相手をよく勉強した。鎖国と言っても駝鳥のように砂に頭を突っ込んでいたわけじゃあなかった。

一九世紀、長崎の港にオランダ国旗をつけた軍艦が闖入《ちんにゅう》してきた。正体はオランダの植民地を荒らす英軍艦のフェートン号で、出島のオランダ艦をやっつけに来た。

結局、長崎の港をさんざん荒らして水と食料を奪って逃げた。日本は英国を将来にわたって危険な国家と判断して、すぐオランダ語通詞《つうじ》六人に英語を学ばせた。

三年後には日本初の英和辞典「諳《アン》厄《ゲ》利《リ》亜《ア》語《ゴ》林《リン》大《タイ》成《セイ》」(angeriagorintaisei・文化一一〈一八一四〉年)一〇巻を編纂している。敵に備えるにはまず敵を知る。そういう作業は植民地にされていく支那やアジアの国々のどこにも見られなかった。

これも日本の立派な外交と言えるのじゃないか。

**宮崎**　実際に長崎の出島に行くと分かりますが、まったく狭い場所ですね。あんな狭い所で広い世界と交流していたんだ。

# 08 キリスト教排除

**高山**　次に豊臣秀吉のキリスト教排除。改めて言うけど、日本の外交で世界的な勝利というのは、秀吉や家康のキリスト教対策だったと思う。あくまでもいい意味でね。

**宮崎**　あれこそ、日本が珍しく誇ってよい外交ですからね。

**高山**　あれを許しておいたら、日本は別の歴史を歩まされた。その根源はキリスト教。キリスト教というのはローマの昔から、不寛容の宗教だった。一切の妥協がない。

旧約聖書を見たって他の民族に慈悲をかけてはいけない。もし彼らを生かしておけば、あなた方の目の中のとげとなり、脇腹のいばらとなってあなた方を悩ますとある。

だから殺しちまえというのが、旧約聖書というか聖書の教えで。キリスト教も同じ偏狭さは引き継いでいる。

ローマは、ギリシャの神々を崇めながら、エジプトのイシス神もペルシャの神も崇めてる多神教国家だった。そこへ神は一人だけ、他は全部排除するというキリスト教がやってきた。当然、皇帝ネロのように、追い出し続けていた。

だけど三九二年、テオドシウスが認めて国教にしてしまったのだ。そうしたらローマが国教にした途端に、もうギリシャの神々は壊す。イシスもミトラも叩き潰してしまった。

**宮崎**　日本がキリスト教を排除したという最大の功績は、やはり秀吉です。

今の高山さんの、キリスト教がいかに悪いかということなんだけどね。そういう意味では、イスラムが一番合理的と考えられる。

山内昌之さんが『中東複合危機から第三次世界大戦へ』（PHP研究所、二〇一六年）の中でこんなことを書いています。

「ユダヤ教もキリスト教も同じセム系信仰の流れの中にある。ただし、ユダヤ教はユダヤ民族だけの宗教として、その教えを狭めてしまった。キリスト教は三位一体、神、キリスト、聖霊という神秘的な教義を一神教に持ち込むことで、人間であり預言者であるはずのイエスを神と並ぶ信仰の対象にしてしまった。その点で、どちらも一神教としては歪んだものになった――と解釈するのがイスラムの立場である」と、なかなかいいことを言ってる。

しかし、そのイスラムは結局、日本に入ってこないんですよね。

**高山**　イスラムはね、女を馬鹿にしてるんだよ。宗教ってみんな女を馬鹿にしてる。というか、母系社会を男系社会にするための「あがき」が、宗教を生み出したと言われる。

だから例えば、ヒンズー教の聖典なんかを見ると、女は夫がどんな色きちがいでも暴力亭主でも、神として崇めろと。

それから夫が死んだら一緒にサティといって、荼毘《だび》の火にくべて燃やされちゃうし。まったく女を認めないわけだ。

イスラムも同じ。女は男の半分の権利しかない。だからつい最近のイランであった実例だけど、女が男に硫酸かけられて両目をつぶされた。報復に判決は男の片目だけ硫酸をたらしてつぶせと命じた。女は半分なの。両眼つぶされたら、片目しか仕返しできない。

それはイスラムの本家本元はユダヤ教だから。ユダヤ教もまったく同じ。女がかぶり物をかぶらされる最初の記述は、ヨブ記だものね。女性は髪を隠せ。かぶりものをしろ。かぶりものして、女が女の子を産んだら一番不浄だから、六十日忌み小屋にこもれだとか。

エルサレムにユダヤ教の聖地「嘆きの壁」がある。今年になって、やっと女が「嘆きの壁」の聖地に入って壁に触れるようになった。今まで、あそこは男しか入れなかった。我々異教徒でも男であれば嘆きの壁にさわってもいいのに。

それぐらい女には偏屈な宗教だ。仏教もね。葷酒《くんしゅう》だけじゃなく女も山門に入っちゃいけないという。

そこへいくと日本の神道は宗教というか、自然哲学でしょう、天照大神から始まって女性輩出ですよ。

**宮崎** 日本では「山の神」が一番偉いんだから。何たって女を排除していませんね、日本の神仏習合という信仰の土壌は。

**高山** イスラムは女を見下す意味で絶対日本には入れない。それからイスラムの悪いところは、親がイスラムなら子供もイスラムに決められている。

だから、一回でもイスラムと結婚したら、子供もイスラムだし孫も全部イスラム。イスラムをやめてキリスト教に戻るとか、あるいは神道に戻るということをやると、これはアッラーに背く罪で死刑にされる。

サルマン・ラシュディ（イギリスの作家、インド出身、元イスラム教徒）が死刑宣告を受けた理由の一つは、それなのよ。キリスト教に転向したこと。

**宮崎** 日本だって、一九九一年に筑波大学のキャンパスで発生した「悪魔の詩訳者殺人事件」で殺害された五十嵐助教授もいた。

**高山** 彼の場合ね、狂信派の革命防衛隊とかイスラム協会（アンジョマネ・イスラム）による犯行という見方について日本の警察は、イラン人が誰にも見られず、土地不案内の筑波大に忍び込めるわけがないとかなり否定的で、怨恨をもった日本人の犯行という説も捨てていなかった。

もっとも、あの犯行はとっくに時効にかかって謎は謎のままになっちゃったけれど。それはともかく、ローマですらネロの抵抗むなしく、キリスト教化されたままだけど、日本は一応入れておきながら根性が悪いのが分かってから後に完全に追い出した。やっぱり日本は賢かった。

**宮崎**　まずキリスト教を入れた一番はやっぱり織田信長なんだけど、高山右近は信者で、最初に入信したのは長門の大内義隆。それから大友宗麟でしょう。伊達政宗もすぐ信仰して、信長がそれを奨励する。

信長はしかし、なぜキリスト教に寛大だったかといえば、アンシャンレジームである仏教をまず排撃しなきゃいけない。そのてこに使ってるだけなんです。それと文明の利器のために鉄砲と火薬を入れる。そのためにはキリスト教を多少は認めてやろうというのが、信長の打算じゃないですか。だから、信長自身、全然キリスト教を信じていないでしょう。信長が信仰したのは法華経だった。

**高山**　あの時来た宣教師が、日本のことを書いてるのがありますね。

**宮崎**　たくさんありますね。ザビエルも書いてるし。オルガチノとかね。

**高山**　ルイス・フロイス。彼の書いたのを見ると、日本の軍備がどうの、城壁はどうか、刀がすごいとか、鉄砲はどうかとか、船のこぎ方まで記録している。戦略的視点ばかりだ。

**宮崎**　要するに、軍事スパイですよ。宣教師だなんて表の仮面でしかない。

**高山**　士気はどうかといったら、「日本人は一度侮辱されたら、命をかけて戦う。だからこんな国を侵略しちゃいけない」という忠告がついているんだね。

**宮崎**　このフロイスの文章というのは、明治時代に翻訳され始めているんですかね。近年、全訳がそろった。

**高山**　明治にはもう出たでしょう。

**宮崎**　いや、断片的には出たけども、結局ポルトガルまで行ってその文献を発見して、これを全訳しようというのは、戦後の試みですよ。
　だから、例えばもっと意外なことも書いてあるのね。秀吉は指が六本あったとか。

**高山**　えっ。

**宮崎**　これは日本の文献には出てこない。
　彼らは遠慮がないからありのままを書くでしょう。本当にサルに似てるって書いてある。

**高山**　高山右近は、高槻の城に入ると、ローマでキリスト教がやったように領域内の神社仏閣を全部壊していった。坊主にキリスト教入信を勧め、坊主が拒絶すると処刑している。
　それを知って秀吉は「何でお前ら、神様同士仲良くできないのか」と。日本には八百万もいるんだから、一つくらい増えてもいいと好意的に迎えてやったのに、その狭量さを許せなかった。
　それから、キリシタン大名は非キリスト教徒だという理由だけで、相手の領民を捕虜にして、その捕虜を奴隷として売った。
　秀吉はそれが絶対に許せなかった。奴隷を買い戻す金も用意すると言った。それが秀吉のバテレン追放令の中味。今のフランシスコ法王なんか秀吉に迫害された者を叙勲するって言うんでしょう、今度。

日本もそれにこたえてキリシタン迫害を記憶遺産にすると言っている。あれはキリスト教を邪宗と名指しして追放したことへの報復だよ。

世界でキリスト教を追い出した国って、今のイスラムは別にして、キリスト教の邪悪さを見てとって追い出したというのは、日本だけ。日本の外交の勝利ですよ。

**宮崎** 秀吉がなぜそこまで鋭敏だったかは、海外事情を把握していたからです。

初めは非常に寛容だったんですよね。それが、今、高山さんが言ったようにキリストを八百万の神々に並ぶ柱にしてやるって言ったら、とんでもないということになった。

もう一つは、軍事戦略として、宣教師らは先乗りして情報を収集するのが目的だった。現に布教を許した所はみんな侵略された。マカオは取られ、フィリピンは取られ、インドのゴアも。ゴアをインドが抜き打ち的に軍を送って取り戻したのは、じつに第二次世界大戦後、ネルーの時代になってからです。

だから竹島や北方領土を回復するにはあと数百年を要するかも知れません…。

**高山** 秀吉は、九州征伐に出て、伴天連《ばてれん》やキリスト教徒の身勝手を知った。九州のキリシタン大名たちは多くの戦国武将がやったように敵と合戦して領土を取っていく。

百姓たちは戦国武将の戦いを弁当持ちで見物するのが一つの形になっていた。

そうした日本型の戦争は、例えば備中高松城の清水宗治のように敗軍の将が腹を切れば、それで終わりだった。

旧約聖書をはじめとする西洋の戦争のような略奪や強姦、殺戮はなかったのが日本の戦争だった。

ところがキリシタン大名は違った。勝つと敵の大将を殺し、財産を略奪したうえ、日本にその習いがなかった捕虜を取った。

将兵やその妻女も捕まえた。民百姓まで捕虜にした。そして捕らえた彼らを奴隷として国外に売り払った。

**宮崎**　ローマ法王に会いに行った少年使節が外国の「奴隷市場で秘所までさらけだして売買される日本人女性」を見て嘆いている。

**高山**　別の資料では火薬の原料硝石一樽が女五〇人と交換されたとある。その奴隷売買の指揮をとったのがほかならぬ伴天連どもだった。

一五八七年、平戸にいたイエズス会の日本支部長ガスパール・コエリヨが秀吉に呼び出され、「ポルトガル人が日本人を奴隷としてインドに売っているのをなぜ黙認するのか」と詰問される。いわゆる伴天連追放令だ。

同じ話は前述のルイス・フロイスの『日本史』にも出ていて「ポルトガル人が売った日本人をすべて日本に送り返してほしい。今、ポルトガル人が売るために捕まえている日本人を解き放ってほしい。その日本人を買い戻す金は私が出す」と秀吉は言っている。

日本人はキリスト教関係者がそう言っているからと秀吉をキリスト教弾圧者として批判するが、むしろ秀吉は日本の治安と日本人の魂を守る為政者として見事な外交を演じたと見るべきなのだ。悪いのはどっちだ、まったく。


**宮崎**　06の朝鮮通信使のところで少し述べたけど、徳川のキリシタン禁令のあと、シドッチが薩摩に潜り込んだ。

江戸に送られて新井白石が彼を尋問し、『西洋紀聞』を著した。この中で白石は日本を「粟粒を散らしたような小国」と卑下すると、シドッチは「日本人は徳も知的レベルも高い。凄い大国だ」と褒める。

白石は支那の方が大国ではないのかと問うのに答えて、シドッチは近きを卑しみ遠きを貴ぶ、つまり自分を卑下して外国人が立派と思い込むのは日本人の悪い癖だと指摘する。

秀吉の評価もまさにシドッチの言う通り。伴天連たちの言葉を貴び、同じ日本人が秀吉を悪者にする。

これは今の世にも通じる、日本人の抜きがたい悪弊かもしれないね。宣教師なる人たちは、仮面を外すと侵略者の先兵ということになる。だから秀吉は、これは危ないと。それで、朝鮮征伐に行くわけです。この秀吉の行為は現在でいう「プリエンプティブ・ストライク」。つまり防衛的先制攻撃という意味だ。朝鮮は明を攻めるための通り道なのに、通り道でちょっと道草くっちゃった。だから、朝鮮への出兵というのは、防衛的な文脈からみれば正しいのです。

**高山**　日本人のキリスト教に対する不信感というのは、明治政府になって「五榜《ごぼう》の掲示」というのを立てるでしょう。

あの中に「邪宗門を禁ず」と。キリスト教を禁じている。それを見たアメリカが仰天して文句言ってくるんだよね。でも外さなかった。

**宮崎**　キリスト教徒とは言ってない。邪宗門は高橋和巳の小説の題にもあるけれど、後には大本教にも使われていたのです。

**高山**　でも真意はキリスト教を意識している。それで横須賀だか横浜では立て札を撤去はしたけど、他は全部そのまま。

明治二十三年の憲法で信教の自由を言って、初めて日本での布教を公認した。それまでは黙認だよ。キリスト教会が同志社をつくったり、なんかいろいろやるでしょう。でもそれは黙認、許してやってるんだ。

**宮崎**　学校という名目でキリスト教が日本に入ってきた。同志社なんて典型でしょう。新島襄とか津田梅子とかが学校を開きましたよね。

あれだって、日本で最初の女学校とかいう触れ込みであって、宣教師派遣のもとに創立したということは一つも書いてないからね。

海外まで行って最初に学校つくるなんて、そんな篤志家がいますか。

いや、そもそもアメリカのハーバード大学でもプリンストンでもイエールでも、プロテスタントの牧師を養成する塾だったんじゃないですか。それが今、世界一の大学だなんて偉そうなこと言っていますけれど…。

**高山**　それはアメリカだけじゃなくて、よそのキリスト教会もそうなんですね。

# 09 江戸の外交

**高山**　だけど、やはり幕末の欧米列強との外交は失敗してからの出発だよね。嘉永六（一八五三）年、浦賀にペリーがやってきて砲艦外交をやられた。

そして五年後の安政五（一八五八）年、通商条約を結ぶ。これがひどい不平等条約だ。恐らく幕臣は、不平等条約という確信もないままに、騙されるようにしてこの条約を結んだんじゃないかな。

領事として着任したハリスなんて、ひどいよ。


**宮﨑**　幕末に、やっぱりハリスの前の人たちにも大いに騙されたのは、金銀のレートを迂闊《うかつ》に一緒くたにしちゃって。日本の金一に対してメキシコ銀四で交換しちゃったでしょう。

あれはすぐ止めればよかったのに、なんで止めなかったんだろう。その不手際って、ずっと続くんですよね。

スミソニアン合意の時だって、日本が貯めた外貨が一方的に流れ出ていったように、あの不手際、あの時の、確か柏木とかいう財務官が「急いでアメリカとヨーロッパを回ってくるから、十日間レートを動かすな」とかいう馬鹿な命令をして。その間にドッと日本から外貨が出ていくわけですよ。

メキシコ銀四で金一と換えた。ごっそり日本から金が出ていっちゃった。当時の損失およそ六万両とも七万両とも推計されていますね。

日本が備蓄している金の三分の一ぐらいが出ていったんですよね。あれで江戸幕府は財政的に窮地に追いやられる。それを見ていたハリスが乗り込んできて、こいつは駐日公使になった。

**高山**　そうだね。初代のね。

**宮崎**　これも悪どい商売で成り上がってた人物で、それで政権に近づいて公使の特権をもらって、やったことは何かといったら金銀の交易、貿易で金をえらい儲けたらしい。

**高山**　一説には、これでアメリカにほとんどプール一杯の金が流れこんだ。

そしてあの時期に南北戦争が起きた。連邦政府側、つまり北軍にはたっぷり金があり、それで熾烈《しれつ》な戦争をやっていけた。

言ってみればあのリンカーンを支えてやったのは日本ということになるわけだ。

**宮崎**　勝った時の武器がまた日本に輸出されて、戊辰戦争が起こり、西郷隆盛軍を殲滅《せんめつ》する時の官軍の武器になった。

**高山**　あの時は好き放題、たかられ盗まれた。馬関戦争の時も、アメリカはひたすらこすかった。あの時は南北戦争の真っ最中で（一八六四年）、米国は日本に軍艦を置いていなかった。それで米国船籍の商船に小さな砲を乗っけて軍艦だと言って下関に行った。一発だか二発だか撃った。それで七八万五千ドルの賠償金を取った。英仏などは正規の軍艦を持って行って砲台をぶっ壊したり、六〇余人の死傷者を出したりしている。それなのにアメリカは賠償金を同額取ってる。

アメリカというのは本当にあくどい。中でも金銀の交換レートがやっぱり一番あくどかった。

**宮崎**　ハリスは、確か下田の玉泉寺が最初の領事館ですよね。そうそう、何年か前、渡辺惣樹さんの案内で高山さんと一緒に見学しましたね。

**高山**　そうです。

**宮崎**　それからハリスは東京へ移ってきて、麻布の善福寺に居を構えるんですよね。

**高山**　ハリスはどうだったかな。あれはピロリ菌か何かを持っていて、腹痛ばっかりやっていたとか、痔になったとか。

**宮崎**　女に何の興味もなかったらしい。

**高山**　そうそう、例の唐人お吉とは暫くは同棲もしていたけれども、突然出入り禁止にした。

**宮崎**　それで彼女は稲生沢川《いのうざわ》に身を投げるわけでしょう。あんな狭い川にどうして。あれは溺死できる川じゃない。

**高山**　昔はものすごい流れがあったんです。改修する前は深い淵だった。

**宮崎**　そうなんですか。

**高山**　馬関戦争でもう一つ指摘したいのは、高杉晋作。彼は要するに、我々は攘夷という幕府の命令を受けてやったのだから、賠償金は我々は払わなくてもいい、幕府が払うべきだと。これもすごいよね。この交渉力。

**宮崎**　高杉晋作だって、やはり吉田松陰門下であって、日本は帝《みかど》の国であるという、吉田松陰直伝の神州不滅ということを信じてた人だから。

早々と上海に行って、外国に占領されたら国家というのはどれぐらい惨めになるかということを、目撃してきています。

やっぱりそこのところはすごいですよね。だから勝手に藩の許可も得ないで軍艦を買ってきたり、随分書籍を買ってきてますよね。高杉晋作の上海日記は新書版でも出ています（『高杉晋作の「革命日記」』朝日新書）。

外交の基本的武器は情報です。日本語の「情報」はいまではインフォメーションの意味しかありませんが、中国語の「情報」とは「諜報」の意味です。

古今東西、もっとも重宝がられたテキストは孫子です。日本でも古くから読まれ、これに大いに学び、山鹿素行が最初に体系化します。

山鹿軍学を教祖とする吉田松陰が、これを受け継ぎ、日本がインテリジェンス戦争をいかに闘うかを研究した。

孫子の重要性は戦いの具体的戦術の妙より、じつはインテリジェンスにあるといえます。

江戸時代、孫子を詳細に評したのが山鹿素行（『孫子諺義』）、新井白石（『孫武兵法択』）、荻生徂徠（『孫子国字解』）、そして幕末に最大級の孫子の理解者兼批判者は誰あろう、かの吉田松陰でした。

松陰は松下村塾でも孫子を克明に講義し、その記録として『孫子評註』を書き残した。

じつに丹念に綿密に孫子を解題した。

後世、乃木希典の校閲を経て海軍兵学校の教科書ともなったものです。

**高山**　吉田松陰は孫子から情報の重要さを学んだ。

**宮崎**　しからば松陰は孫子をどう見ていたかと言えば「敵を知り己を知る」ために死活的な国家戦略とはインテリジェンス、すなわち敵の情報を正確に入手し、対策を立てるための「間諜」の重要性であり、国家が死ぬか生きるかはすべて軍隊の充実と情報戦争にある。つまり、的確な情報を速く入手し、正しく分析し、それを武器として情報心理戦を戦う。吉田松陰は情報戦略の重要性をいち早く見抜いていたわけですね。

「蓋《けだ》し孫子の本意は『彼を知り己を知る』に在り。己を知るには篇々これを詳《つまび》らかにす。彼を知るの秘訣は用間にあり」（松陰『孫子評註』）。

つまり敵の実情を知り、己の実力を客観的に比較できなければ戦争は危ないが、敵の情報を知るにはスパイを用いることであると強調している。松蔭のいう「用間」とはスパイです。

スパイというと戦後の日本ではたいそう聞こえが悪いが、インテリジェンスのことです。

戦後の日本がまったく忘れてしまったインテリジェンスと国防力強化、これが国家に枢要な課題だと吉田松陰は力説したのです。そして自ら外国の情報を収集しようとして下田で密航を企てるわけです。

**高山**　その弟子が高杉晋作。文久二（一八六二）年、藩命で留学し、清の実情を知る。黙っていたらやられる。それで抜群の交渉力を身につけた。

文久四（一八六四）年、連合国との交渉で、相手は彦島の租借を要求してきた。しかし、高杉は絶対に受け入れなかった。立派な外交感覚。いまの外務省にはないよね。

# 10 幕末に見る日本人の気概外交

**宮崎**　もう少し吉田松陰論を続けますと、昨今の吉田松陰論では次の項目がばっさりと抜け落ちています。

第一に、吉田松陰は陽明学者である前に兵学者だったこと。松陰が戦略的な発想のもと、国家百年の大計を考えていたという重要なポイントが語られないのです。

防衛力強化を主唱してやまなかったことを無視する左翼的論客はもとより、軍事面を閑却する保守側の評論さえ、うさんくさい。

松陰にとって『孫子評註』と『講孟箚記《こうもうとうき》』が代表作であるにもかかわらず、世にはびこるのは『留魂録』と辞世、その愛国心と松下村塾の教育方針です。

稀有《けう》の「教育者」という像を追うのも、愛国心の烈々さを説くことも重要だろうけれど、いかにも「戦後的」であり、一面的だね。

松陰は中国の古典を殆ど読み尽くしたが、最後にたどり着いた思想家は、孔子ではなく孟子であり、そして李卓吾《りたくご》ら陽明学派でした。

当時、日本の学界の主流でもあった支那学、すなわち中華思想への根底的懐疑をもとに、江戸時代のアカデミズムにはびこった中華思想の害毒と闘ったのですね。

さらに吉田松陰は稀有な「孫子」の理解者だった事実が、何か不都合な事由があってのことなのか、戦後の松陰論から抜け落ちてしまいました。

松陰が、松下村塾での講義録の最後に完成させた『孫子評註』は傑作ですよ。吉田松陰全集第五巻に入っています。これを現代語訳にして出版したらいい。

それまでにも孫子は荻生徂徠、林大学、新井白石、山鹿素行らが解題したが、松陰のそれは過去の業績を読みこなした上での集大成です。孫子の欠陥を網羅し、日本的誤解を糾弾した。

その講義録は弟子達が編纂《へんさん》し、死後に久坂玄瑞《くさかげんずい》ら松下村塾門下生が出版し、『孫子評註』としたのです。最も影響を受けた一人は松下村塾の後期に学んだ乃木希典で、乃木は後年、自ら注釈を新たに施し、松陰の『孫子評註』を私家版として校閲し出版した。

これは後に、海軍兵学校で必読の書とされた。しかし戦後、こういう作品が在ったことさえ論じない松陰伝記が主流となりました。

現代日本では肝心要の軍事的側面からの孫子へのアプローチが少なく、防衛と安全保障議論を閑却してきた戦後の安直な風潮が背景にあります。

孫子の肯綮《こうけい》（物事の急所・かなめ）をまとめると、次の七つのポイントに集約されます。
一、戦争は国の大事である
二、最良の策は戦わずして勝つことであり、「敵を知り己を知れば百戦すべて危うからず」

だ

三、兵は詭道である

四、上策は謀《はかりごと》を伐ち、中策は外交で勝ち、下策は兵を交え（戦争をする）、下の下は城攻めである

五、将の器量と天候、地勢などによる作戦の判断が重要である

六、士気を高めるには敵愾心を煽り、戦いは即断即決、城攻めなどの持久戦はよほどの覚悟が必要である

七、したがって多様な間諜《スパイ》を同時多発的に使い分けよ

幕末の危機、日本にこんな感覚があったから、欧米列強から日本を守れたのだ。これらのことが、今の日本外交にまるで活かされていませんね。

**高山**　幕末期の領土問題でも、日本人は頑張ったね。

文久元（一八六一）年、ロシア軍艦対馬漂泊事件というのが起きる。ロシアの軍艦が対馬の芋崎を占拠し、営舎を建てたりして、半年余りにわたって居すわるんだよ。その間、殺人や略奪もあった。

この報を受けて幕府は外国奉行、小栗上野介《おぐりこうずけのすけ》を派遣し、交渉に当たらせた。この時、一回目の交渉では、艦長ビリリョフに対馬藩主宗義和との謁見を認めたが、これは駐留を既得権と

して認めることになると考えて、第三回の会談で前言を翻して、謁見を拒否する。

この約束違反に対して小栗は「自分を殺しても構わない」と臨むわけだ。そして江戸に帰ると、国際世論に訴えることを提言した。

事実、イギリスが乗り出してきて、イギリスの軍艦二隻を対馬に回航したんだ。イギリスの力を借りて、領土を取られかけたのを防いだ、というわけだ。

先ほども話したけれど、文久三（一八六三）年の馬関戦争で、彦島を租借したい、というイギリスの申し出を断った高杉晋作もすごいよね。

**宮崎**　イギリスの軍艦の上で租借の要求を突きつけられたとき、これだけは譲れない、どうしてもということならもう一度戦争をしようと言ったとか。

**高山**　幕末の外交を語るとしたら、やはりペリー来航を取り上げておかなければならないね。ペリーには文化の香りはない。いわゆるアメリカ人というか、野蛮剥き出し、英語の rude という言葉は彼のためにあるような気がするね。

彼はインド洋周りでやってきて、だから最初に沖縄に着いた。軍艦を従えて那覇に入港すると、すぐ琉球王の王城を攻めて闖入した。それで琉球はもう米国領にしたと思っていたんだ。

その証拠が石垣島への出兵というか、軍事行動だ。その前年、支那人苦力《クーリー》四〇〇人を乗せた米国奴隷船ロバートバウン号で、積み荷の苦力《クーリー》が暴動を起こした。

当時、米国人は澳門《おうもん》（マカオ）や上海で支那人に酒を飲ませて船に連れ込んで、奴隷というか苦力に叩き売る商売をしていた。

英語の字引に「shanghai」という動詞があって、そうやってヒトを攫《さら》うという意味になっている。ツナミと同じくらい人口に膾炙《かいしゃ》していったということだ。

そうやって攫った苦力を、もう逃げられない洋上に出てからあらためて甲板に引き出して、身体検査をする作業がある。病人や障碍者はこの段階ではねられる。

つまり海に捨てられる。海ではアメリカ船が来ると鮫が待っているといわれた。そんな暴虐を目の前でやられて、さすがの苦力も暴れ出した。白人船長やオフィサーを皆殺しにし、船を乗っ取って国に帰ろうとしたけれど、石垣島の沖で座礁し、苦力は島に逃げ込んだ。

それを知ってペリーは軍艦サラトガを派遣して石垣島を砲撃し、上陸して逃げ込んだ苦力を探し出し、一〇〇人くらいをその場で処刑した。残りは島民がかくまっていて、サラトガが帰ったあと、薩摩藩を通して支那に送り返している。

ペリーはこの騒動のあと小笠原諸島を測量して米国領と宣言し、そのあと浦賀にやってくる。

彼は二流《にりゅう》の白旗を持ってきたと藤岡信勝氏の『教科書が教えない歴史』にあるけれど、この行動を見ても日本属領化の気分で来ていたのは間違いない。

**宮崎**　ペリーが浦賀に来るまでの狼藉《ろうぜき》はあまり知られていません。

ペリーの艦隊は、驚くほど正確かつ精度の高い日本の情報を仕入れていたでしょ。それはマクファーレンという英国人歴史家が直前に本を出していることによります。さすがに「情報の国」イギリスの調査力の凄さを象徴する内容の本です。ペリー提督が日本へ向けて遠征航海に出ようとしていた。ペリーの野望はいまさら説明するまでもないことですが、支那との交易のため、日本を中継の拠点化すること。鯨油というのは口実でしたね。

で、ペリーが出航する四か月前に、この本（『日本　1852』、草思社文庫）がニューヨークで出版された。驚くほど正確でしかも洞察に富む日本の紹介であるばかりか、この本こそがペリーに、日本に関する大いなる刺戟と前知識を植え込んだのですね。

ペリー艦隊は大西洋を南下し、喜望峰を回ってインド洋からマラッカ海峡、そしてマカオ、沖縄、小笠原を経て、下田に入った。その長い航海中に、ペリーはこの本を何回も読み、日本人とはどのような思考体系、礼儀作法を持つかを頭にたたき込んだ。

特に日本政治の二重の権力体制、礼節を重んじ、神道を信仰し、教養の高い民族であって、支那人とは正反対であることなどを、ペリーは事前の常識として知りつくしていた。そのうえで徳川幕府との交渉に臨んだのです。

この本は渡辺惣樹氏によって翻訳され、今年、二〇一六年に文庫本になりました。

私はこの本を読んで永年分からなかった謎がいくつか解けた。そのうちの一つが上編の07の

「鎖国は賢明な外交政策」のところで一度話をしたけれど、三浦按針ことウィリアム・アダムスのこと。彼も英国人だ。アダムスは豊後に漂着し、大阪へ回送され、牢獄に入れられるが、十数回も家康に直々に呼ばれ、その家康の好奇心の悉《ことごと》くにアダムスは回答できたのですね。天文学、航海術、世界地図、アジア情勢、カソリックとプロテスタントの対立、ポルトガルとスペインがなぜいがみ合うのか、オランダの興隆の謎などを聞きただした。また西洋の幾何、数学に関してもアダムスの知識は豊かで、家康は得がたい人物、国際情報のアンテナを得たわけです。

家康に重宝されたアダムスは国際情勢の顧問役であったばかりか、航海術士として造船も命じられ、最後には平戸の商館をまかされる、という流れになります。望郷の念深きアダムスが英国の妻子へ書き送った手紙まで紹介している。マクファーレンは、どうやってそれを手に入れたのでしょうか。

またキリスト教徒の反乱（「天草の乱」）も、かなり正確に、しかし外国人の目を通して外国に伝えていたことが分かります。ですから吉田松陰がなぜ平戸に留学したのかと言えば、平戸には古今東西の名書、古典がそろっていた。吉田松陰が逗留した紙屋という旅籠から、歩いて五分もかからないところに三浦按針邸があったのです。

家康は英国に対してのみ、平戸での交易を許可した。しかも英国からの商品は無関税という特権を得ていたのですが、「日本の港に到着した船はすべて平戸に回航することを命じられ、交易はこの港に限られる（中略）。日本に持ち込む商品の選択がイギリスでいい加減になされたらしい。日本での需要が殆ど見込めないものばかりで、平戸商館の商売は結局利益が出せないでいた」。かくして英国側が日本での交易を途中であきらめたということになり、平戸は急速に寂《さび》れます。

著者のマクファーレンは日本に来たことがない。しかし長崎出島に暮らしたオランダ人や、ポルトガル、スペインの宣教師や、商人等の資料をこまめに集め、書簡にも目を通し、シーボルトの日誌や資料にもあたり、総合的な分析チームの主任のように、日本を徹底して分析してみせたんですね。

それまでおざなりに異国譚としてエキゾティックに語られ、珍しがられたマルコポーロの大風呂敷は吹き飛び、科学的客観性が要求される時代になっていた。だから日本では女性の地位が驚くほど高いことに注目し、また民族的にはモンゴル系で支那人とは決定的に異なると断定しているんですよ。「日本人は、まさに最高に洗練されたタタール人である」とマクファーレンは日本人を定義し、「日本人は漢人より強靭で勇敢な民族である」としたうえ、「身のこなしかたがすばやく敏捷で行動が大胆である」と述べている。

他方、支那人はと言えば「戦いを回避する傾向が強く、臆病なところがある。おとなしくさせるのは簡単だが、小ずるく、疑い深く強欲で、すぐに賄賂が横行し、高利貸しなどに手を染める」と。

まったく、この日本人と漢人との民族性の差違は今もまったく変わらない。しかしかくも鋭敏で正確で洞察力に富んだ分析がペリー来航前にアメリカでなされていたこと自体、驚嘆すべきことですよ。

**高山**　そういう経緯のもと、英仏米蘭というアジアを植民地化した悪の権化みたいな四か国が、ペリーの和親条約を機に日本に乗り込み、好き放題を始めた。

前にも触れたけれど、長州はのさばる欧米国家に対し尊王攘夷、外国船打ち払いをやった。関門海峡の通過を禁じた。勝手に近づく船に砲撃も加えた。それで四か国が軍艦一七隻を出して長州の砲台と撃ちあった。世に言う馬関戦争だ。

だけど戦争なんて言えるシロモノではなかった。英国は一一〇ポンド砲を備えた三千トン級の軍艦九隻、仏が二千トン級三隻、オランダが同じ大きさのコルベット級四隻の計一六隻を出した。米国は前にも言ったように、六〇〇トンの商船に殆どおもちゃの三〇ポンド砲を一門くくりつけて参加した。砲戦は大人と子供の喧嘩のようなもので、長州がコテンパンにやられるのは目に見えていた。

日本人はフェートン号で英国人の下品さを知った。そしてその見識で米国の野蛮さ、小狡さを知った。

しかしそれを明治維新政府は十分生かし切れなかった。こういう外国に関する情報を大切にしない。引き継いでいかなかったことが日本外交の弱みではないかな。

# 下　明治維新から現代

# 01 マリア・ルス号と榎本武揚

**高山**　明治維新政府になって、日本が最初に受けた外交試練がマリア・ルス号事件だった。マリア・ルス号はペルー船籍の奴隷船で、たくさんの中国人苦力を乗せていたんだ。その船が明治五年、つまり一八七二年に横浜港に修理で入港した。この時苦力の一人が逃げ出して、イギリス軍艦が拾い上げた。イギリスはマリア・ルス号を奴隷船と判断して、日本政府に通告した。当時の外務卿の副島種臣が、人道の問題だとして救助を命じ、苦力を救出した。ペルーと荷受の米商社は第三世界の小国が何を生意気を言うかと、国際裁判を言い出した。ロシア皇帝アレクサンドル二世がこの国際仲裁裁判を受けることになった。そこで、榎本武揚が日本代表として裁判に臨んで、見事に勝った。ロシア皇帝も偉かったが、日本も偉かった。

副島種臣は佐賀藩ですよ。長州の連中が幅をきかす明治政府は尻込みしたが、さすがは佐賀の侍だった。きちんと筋を通した、

**高山**　この裁判の真の訴え人は、アメリカの商社、ラッセル商会だ。米国商社が苦力を買って、

それをペルーに運ぶ途中だった。それでペルーの船主とアメリカの奴隷仲買人の商社が日本を訴えたわけ。他人の商品を勝手に取り上げて。とんでもないというのが言い分だった。その頃、こんな国際法廷があったことにも驚くけど、榎本の国際法にのっとった主張も立派だった。

**宮崎**　この時代に、欧米の国際法が分かる人がいたというのはすごいよね。

榎本武揚は、福沢諭吉が攻撃してやまなかった人物ですが、たいした男です。

北海道に共和国をつくると言って、新政府に反抗する。榎本は共和国の憲法も作っているんだよね。普通の国ならこれはもう斬首ですよ。ところが国際法に関する『国際海律全書』という分厚い本を持っていて、これをなくしてはならないと新政府側の黒田清隆に渡す。そして監獄に入れられて、四年ぐらい入ってて出てくる。出てきたらいきなり外交官に抜擢されて、それからまた大活躍する。まさに波乱万丈の人生。対照的に、徳川への忠義という美意識につかれて散ったのが土方歳三でした。

**高山**　ロシア皇帝も立派だった。奴隷は違法だという日本の言い分を一〇〇パーセント認めた。日本も日本で奴隷をやっている米国の実情に遠慮しないで、世界に向かって正論を吐いて見せた。これもすごいよね。

**宮崎**　今、榎本武揚のことが出たので脱線すると、戦後誤解された最たる歴史的人物の一人が福沢諭吉です。戦後の福沢諭吉像は、左翼思想の蔓延によって歴史観がたっぷりとおかされたため、歪んで評価されてきました。

論考の一部分を突出させ、重箱の隅をつつくような論評が多く、福沢を「西欧かぶれ」、「商業主義者」と断じたわけですが、せいぜいが『学問のすすめ』と『文明論之概略』くらいしか読んでいないからです。

『脱亜論』と『瘦我慢の記』はあまり重要視されていない。そればかりかこの二つの作品に対しては悪評が多く、時に福沢にはウルトラ右翼のレッテル貼りもなされたものです。

福沢は時の政府を筆法鋭く批判するメディアを創刊し、死の直前まで健筆をふるったが、一方で朝鮮独立分子を支援し、留学生を自宅で扶養し、あげくには独立運動の闘士だった金玉均を匿《かくま》いました。「武士の魂魄《こんぱく》」を至高の価値として重視した稀な愛国者だったのです。

福沢の思想の基本は「武士は二君に仕えず」であり、そして一番重要なことはマーター（殉死、殉教）であると言っている（福沢は「マルチムドム」と書いた）。したがって西郷への哀惜は尋常ではなく、その反面で、武士道の風下にもおけないのが勝海舟と榎本武揚であると筆誅を加える。激しい筆法、武士の憤怒の声が聞こえるほどの文章です。

福沢が尊き価値とした一つは自立自尊、すなわち「独立」でした。このため外国との不平等条約の撤廃もしくは改定なくして独立などあるか、という原則が出てくる。これは今日の日本の状況とまるで同じで、日米安保条約という不平等条約、核拡散防止条約そのほか、こうした不条理を受け入れて恬《てん》として恥じない日本は果たして独立国家と言えるのか、という問題意識に繋がります。

福沢はこう書いています。

「今利害を別にして、人情を異にし、言語風俗、面色骨格に至るまでも相同じからざる、この万里外の外国人に対して権力の不均衡を想わざるものはそもそも亦何の由縁なるや。突突怪事というべし」

渡辺利夫『士魂　福澤諭吉の真実』（海竜社）は画期的な福沢論ですが、「国権そのものが外国によって暴力的に抑圧されかねない状況に、目下の日本は直面していないか」として、次の福沢の箴言《しんげん》を続けています。

「裡話に、さざえが殻中に収縮して愉快安堵なりと思い、その安心の最中にたちまら殻外の喧嘩異常なるを聞き、窃《ひそ》かに頭を伸ばして四方を窺えば、あに図らんや身はすでにその殻と共に魚市の俎上《そじょう》にありということであり、国は人民の殻なり。その維持保護を忘却して可ならんや」

まさに今日の日本の危機と同じ。アメリカの核の傘と在日米軍の存在に安心して、国家安全保障を他人に依拠し安堵している間に、南シナ海、尖閣は中国軍が侵略の牙を研ぎ、アメリカは撤退を始めようとしている。

この預言的な福沢の洞察は、恐ろしいほどに正鵠を得ていますよ。福沢は「忠君愛国」についてこう述べている。

「忠君愛国の文字は哲学流に解すれば純乎たる私情なれども、今日までの世界の事情においてはこれを称して美徳と言わざるを得ず、すなわち哲学の私情は立国の公道にして、この公道公徳の公認せらるるは、ただに一国のおいて然るのみならず、その国中に幾多の小区域あるときは、毎区かならず特色の利害に制せられ、外に対するの私を以て内の為にするのを公道と認めざるはなし」。

この最後の箇所を渡辺利夫氏は「一国が衰退の危機に陥るような時期においては、死んでも国を護る気概をもつことが公道そのものなのだ」ということだとしています。

これは福沢の次の文章に繋がります。

「自国の衰退に際して、敵に対して固《もと》より勝算なき場合にても、千辛万苦、力のあらん限りを尽くし、いよいよ勝敗の極に至りて始めて和を講ずるか若しくは死を決するは立国の公道」。

まさに大東亜戦争の特攻隊、硫黄島、三島由紀夫の諫死。すべては、この発想に繋がるのですね。

# 02

# 朝鮮半島問題で引きずり込まれた日清戦争

**宮崎**　日清戦争が避けられなかった時代背景、理由については高山さんにお任せするとして、その前史として触れておくべきは、西郷隆盛の「征韓論」です。これは避けられない。なぜ西郷さんが征韓論を主張しなければいけなかったのかと言えば、爾後の戦争責任も同様に、全ては朝鮮王朝の優柔不断と事大主義であり、これに日本が振り回されたことでしょう。

西郷は明治国家の青写真を描いたわけではなく、維新後の国家のありかたというビッグピクチャーを描いていたのは木戸孝允と大久保利通。明治六年政変とは、征韓論をめぐる日本国内の政争だけど、直接絡むのは朝鮮半島の情勢なのです。西郷は道義国家を作ろうとし、文明開化には批判的だった。

彼が最も重視したのが道徳、忠義、大義。乱れた世の興廃を立て直すのが先決であるとし、礼儀を知らない朝鮮には自らが非武装で乗り込んで、誠心誠意説き伏せると主張した。西郷に朝鮮半島を挑発するような行為に出られては困ると、大久保利通らは反対に回る。

**高山**　この時の大久保らの反対は権力争いの臭いがあるね。いったん西郷の遣韓が決まっていたのに、欧米視察から帰ってきたばかりの大久保や岩倉が反対して、実行できなくなる。これに抗議して、西郷隆盛、板垣退助、江藤新平らが辞める。大久保らからすれば、嫌いな江藤新平を追い出すことができたわけだ。

**宮崎**　西郷は戦争をするために韓国に行こうと言ったのではない。もし、この遺韓が実現して、当時の朝鮮王朝を動かしていた大院君と二人で腹を割って話していたら、その後の日韓関係は案外違ったものになっていたかもしれない。

**高山**　でも韓国は国のつくりが違うからね。

**宮崎**　だけど、できたばかりの新政府がその維新最大の功労者だった西郷隆盛を追い出したのは痛いよね。

**高山**　確かにね。明治政府自身が、まともな指導者によってできたものじゃなかった。薩長土肥とは言いながら、実際は長州が政権を握った。長州といっても奇兵隊が中心だった。武士階級ではない足軽や小者上がりだから、ろくな者がいなかった。残りの土佐、肥前、薩摩は早々と追われた。特に肥前の江藤新平たちは、明治六年政変で全部追放されてしまった。江藤は司法卿として司法制度の整備に力を入れていて、特に政治家の汚職は徹底して調査したよね。それによって、井上聞多と山県有朋を摘発した。先ほど話したけれど、ペルーの奴隷船マリア・ルス号事件も摘発した。あれを最初に摘発したのは江藤新平だった。曲がったことが嫌いなんだ。汚職をやった井上聞多も山県有朋も「お前ら奇兵隊の足軽どもはろくなことをしない」と言って、さんざん叩いた。

しかし、こうした武士たちは結局は追い出されて、長州勢が生き残った。武士と足軽の生命力の違いだったのだろう。

明治政府で伊藤博文たちが考えていたのは、ルイ十四世、十五世の頃のリシュリューとかの、重臣政治だよね。天皇陛下について側近政治をやる。だから民選議院づくりも、ずっと消極的だった。

**宮崎**　宮廷政治。

**高山**　そして韓国も宮廷政治。

**宮崎**　だけど同じ宮廷政治でも国柄が違う。幕末の頃、朝鮮半島では何が起きていたのかと言えば、李氏が支配する朝鮮では「両班《ヤンパン》」なるエリートだけがえらく、国民は奴隷同然、労働に貴族はタッチしない前近代王朝だったわけだ。鎖国から開国に向かう日本は、列強の牙を見抜き、果敢な外交戦を展開して切り抜けてきた。対照的に李氏朝鮮は、鎖国を守り抜こうとして路線を誤り、「宗主国」の清に頼りきった。ロシア・英国が対馬を一時占領し、半島への進出機会を狙っていた。日本が米英の後押しもあって朝鮮に「開国」を迫り、宗主国の清と交渉した。いまの世界情勢とあまりにも酷似していますね。

大国（中国）に胡麻をすり、日米との離間を謀る韓国、ロシアに近づく北朝鮮。自立自尊の主体性が何もない民族のDNAかもしれない。韓国は竹島を占領しナショナリズムの象徴とし、産経記者を人質として拘束する非道な行動をとった。

**高山**　一八八四（明治十七）年、金玉均らが革命を起こして、朝鮮近代化のための革命を起すわけだが、それを当時の李朝を動かしてきた閔妃《びんひ》が清国軍を使って、金玉均らの革命をつぶす。この時の清の軍の指揮官が袁世凱《えんせいがい》だよね。

**宮崎**　韓国ではその後、一八九四（明治二十七）年、東学党《とうがくとう》の乱が起こるのだが、この時も清の軍隊、袁世凱に頼んで乱を鎮圧する。李朝は王朝の存続のみ考えて、国民のことを考えない。そして、近くの強い国に阿《おもね》る。強くなってきたロシアにも阿る。日本としては韓国に独立した強い国になって欲しい。けれど李朝はそうならない。

**高山**　だから、まずは清から独立してもらわなければならない。そのために清との戦争になる。日清戦争だ。

**宮﨑**　結局、「国家」とは何かという認識の大いなる齟齬《そご》でしょう。彼らにとっての国家とは自らの利権メカニズム、支配機構でしかない。末端の庶民の幸せをまったく考えていないわけですから。

田中英道『天平に華咲く「古典文化」』（ミネルヴァ書房）は次の指摘をしています。
「『国家』の問題を出すと、必ず左翼の歴史家たちは、それが『国民国家』として『近代』にしか存在しないとする（中略）しかしその考え方が誤りであることは、日本のような、古い島国の例を挙げれば明らかである」。

従来、日本の戦後論壇でも「国家」イコール「悪」という意味で論じられてきた。「国家」を肯定するのは右翼と攻撃されたが、田中氏はこう反論する。
「『国家』と言えば悪い意味での『権力』機構ととらえ、打倒の対象であるかのように否定した社会主義の理論は、ソ連や中共の成立で完全に崩壊してしまった。ソ連や中共がナショナリズムの『国家』として、ドイツ・ナチ『国家』よりもひどい全体主義国家であったことは明らかである。そのような一党独裁の全体主義の『国家体制』からは、決して価値ある文化は生まれない」。

日本には古来より古事記や日本書紀が成立し、世界初の恋愛小説『源氏物語』が生まれ、そして世界史初の憲法が聖徳太子によって制定された。「聖徳太子の『十七条憲法』の最初の三条に示される事柄は、共同体のあり方、個人のあり方、そして日本の政治のあり方を論じている。『近代法』のように市民革命を経て、市民の権利や自由を法律化したものではなく、人間の自然のあり方から発して、その陥りやすい欠陥を克服しながら、運営していく方向を示している」。

十七条憲法については「日本人の国家観の基礎となる神道の精神が脈打っている。神々が自然のなかに生き、祖霊の神々の中に生きている。それに向かって天皇が祭祀《さいし》を行い、それによって国土が守られると詔《みことのり》をしたものである。一方で仏教を取り入れ、個人の信仰としてこれを奨励し、他方、天皇がこのように神道の祭祀を続けられる姿こそ、まさに日本の国家観の基礎を形づくる」（以上、田中前掲書）。

李氏朝鮮には、そういう国家観がまったく存在しなかったのです。おりから保守論壇では憲法改正議論が沸騰していますけれど、このような原点に立ち返って改憲のあり方を熟慮しなおすべきではないかと思います。

# 03 お雇い外国人エミール・ベルタン

**高山**　日清戦争の話題に入るけれど、まずは、エミール・ベルタンの話。フランス人のお雇い外国人だが、これが屑だった。日清戦争の始まるに至る少し前に、当時としては最大級八千トン級の支那の戦艦「定遠《ていえん》」と「鎮遠《ちんえん》」が日本に来た。ペリーと同じように威を張って東京湾に入り込んできた。ペリーよりもっと日本をなめ切って、日本海軍の基地、江田島にも行ってる。その時でしょう、ふんどしを大砲に引っかけて干していた。東郷平八郎がそれを見て「あいつら大したことない」と言った、という話は。

**宮崎**　それでベルタンという人物は？

**高山**　日本は、「定遠」「鎮遠」に対抗する船を造らねば国が滅ぼされる、という切迫した危機感を持った。国力を傾注して戦艦を造ろうとした。

しかし全国力を傾けてもせいぜい四千トン級の海防艦しかできない。「定遠」「鎮遠」の半分のサイズだ。でも、機動性と破壊力があれば四千トン級でも勝機があるかもしれない。その要求を満たすことを条件に四隻を、フランス建艦技官エミール・ベルタンに発注した。当時の一流建艦技術をもっているという触れ込みで、彼にものすごい金を払った。ところが、いざ作らせたら八千トン級がつける大砲、三〇センチ砲を四千トン級に乗っけた。極端な頭でっかちで、実際にこれを撃つと船が揺動して使い物にならんかった。それだけでもみんなびっくりして、「馬鹿じゃないの」と思ったら、二隻目にはその巨砲を後ろ向きにつけたんだね。何だこれは、敵と会ったらUターンしてケツから突っ込むつもりかと言葉を失った。これはだめだと日本の建艦技師、佐双左仲《さそうさちゅう》が「もうやめさせろ」と進言した。結局、砲が後ろ向きの四隻目をキャンセルした。こんな愚にもつかない半端艦を主力艦隊にしなければならない日本側は大ピンチだったけど、そこは武士の国というか、このベルタンの名誉まで守ってやるんだ。

それは、最初から三隻を発注してたんだよというふうに装って、日本三景の「松島」「厳島」「橋立」と名づけた。実は四隻、もう一隻後ろ向きがつくられるはずだったことを歴史の中に仕舞いこんでしまった。

**宮﨑**　俗に三景艦というのは船の固有名詞じゃなくて、三つの景色が出典ですか？

**高山**　そうそう。日本三景の三景からという意味なの。だから厳島、松島、橋立。だけどもしかしたら、三輪車に自動砲を乗っけるような愚かな設計の軍艦のために、日本が中国に負けていたかもしれない。危うさはまぎれもなくあった。

**宮崎**　要するに、日清戦争はなぜ勝てたかというのは、「定遠」「鎮遠」を向こうは持ってたんだけど、まず動かし方を十分に訓練していない。二つ目は、清軍の高官らが砲弾を売り払っていたのです。

軍は汚職して砲弾を全部売り払っちゃった。修理工場に行ったらもぬけの殻で、機械はすべてスクラップ業者に売っていた。

それで初めから戦闘態勢になっていないんですね。だから日本の三景艦でも勝てた。劉公島《りゅうこうとう》というのは威海衛《いかいえ》の沖合にあって、私も行きましたけどね。北洋艦隊の拠点です。艦長は何をしていたかというと、あそこに豪邸を建てて妾と住んでいた。下士官は何をしていたか。あの小さな島に七〇軒、女郎屋があって、みんなそこに。砲身には洗濯物が干してある。これ、戦ってないでしょう、この二つの最新鋭艦は。

**高山**　だけど、「定遠」「鎮遠」が、少なくとも日本に倍する砲を持っていて、やっぱりダンプと軽乗用車ぐらいの差はあった。それに勝てたというのは本当に僥倖《ぎょうこう》だった。このベルタンの罪は非常に重い。だけど、この馬鹿のおかげで危うく負けそうになったということを、日本は言わなかった。それが外交上、語るべきか否かは分からないけど。

**宮崎**　正しく伝えなきゃいけないことです。

**高山**　そうそう。この事実はね。本当に愚か。これを諫めた佐双左仲は金沢藩士の出で、政府も彼の正しい判断を評価し、戦争が終わったあとに勲一等を与え、佐双家を男爵に取り立てている。ベルタンがいる時にそれはやらなかった。

日清戦争で勝った時はちゃんと海軍側からベルタンに「ありがとうございます、いい船でした」とお世辞も言ってる。この辺が日本の外ヅラの良さだけれども、意味は全く無い。こういう思いやりを外交の中に入れているというのは、悪い例の一つじゃないかと思う。

**宮崎**　それが通じる関係だったらいいんだけど。

**高山**　傲慢な白人国家には通じない。

**宮崎**　なめられてるから。日清戦争の劈頭《へきとう》に東郷平八郎の「浪速」が支那兵を満載した高陞《こうしょう》号を撃沈しています。ハワイに行って、ハワイを乗っとったドールを脅しあげて、戻ってきてその足で出張って高陞号を沈めたわけだ。高陞号撃沈問題は「英国旗を揚げた船を沈めた」と英国政府が騒ぎ立てて賠償まで要求してきた。足軽上がりの伊藤博文は震え上がった。もともと戦争反対だったのだから、さあどうする、海軍は責任を取れ、東郷が悪いと騒ぎ立てたが、著名な英国の法学者がタイムス紙上で、戦時下、敵の兵を満載した船に停船を命じるのは正しいし、命令に従わなければ撃沈も当然、東郷平八郎の処置は正しいと書いた。英国側は日本非難をやめた。

**高山**　理に適えば、納得する。さすが英国は大国だ。しかしこの戦争では足軽みたいな国も出てくる。アメリカだよ。日本は朝鮮での陸戦を通して初めて残忍な支那人の姿を知った。有史以来、陸上で支那人と戦ったのは初めてだからね。支那人はだいたい捕虜を取らない。捕まえたら惨《むご》い殺し方をする。耳を削ぎ、鼻を削ぎ、目を抉り、性器を切断し、手足を切り落とす。行く先々で戦友の手足が軒先にぶら下げられ、心臓を抉った後に石を詰め込まれた遺体が、そここに放置されている。

第一軍司令官の山県有朋は漢城を落とした後、訓告を出している。

**宮崎**　「支那人は古より残忍の性を有す。もし生擒《せいきん》（生け捕り）に遭わば必ず残虐にして死に勝る苦痛を受け、ついには野蛮惨毒の所為をもって殺害せらるるは必定。決して生擒するところとなるべからず。むしろ潔く一死を遂げ、以って日本男児の名誉をまっとうすべし」という一文です。後に「捕虜となるより死ね」という戦陣訓がここから生まれるのですが、戦陣訓については日本軍に対する悪意ある解釈ができている。大陸で戦った支那人は実際、日清戦争当時と少しも変わらないし、その残虐さは文革でも衰えていなかった。

**高山**　有朋の訓示が出て間もなく、日本軍は旅順の要塞に辿りつく。その十年後の日露戦争ではロシア軍によって屍の山を築かされるが、この時はまだ支那軍が相手。一日で落としてしまった。そして要塞の向こう、旅順港の市街に攻め入り、残敵を掃討する。家々の軒先には惨毒をもって殺害された僚友の手足がぶら下げられていたが、「日本軍は手を挙げる支那兵に怒りを抑えて対応した」と仏紙特派員が書いている。しかし、そこに足軽米国が出てくる。ピューリッツァーのニューヨーク・ワールド紙の記者クリールマンが「無防備の住民を報復に殺しまくった」「命乞いする老人を殺した」「浅瀬を逃げる子どもたちを撃ち殺した」「六万人は殺した」と書き放題に書いた。イエローペーパーだから、それくらいはいつも書き飛ばしていたのだろう。面白いことに、彼が描く殺戮の情景は、白人がコロラドでシャイアン族の女子供を虐殺したサンドクリーク事件についてロバート・ベントが証言した内容と、そっくり同じなんだ。

ただ当時はそんなこと、日本人は知らない。「白人特派員が書いた」でまた政府は大騒ぎになって、ただおろおろ言い訳に走り回る。白人は別に神様じゃあない。嘘はつく、民度は低いとなぜ思わないのか。お前らが間違っていると東郷平八郎のように突っぱねられないのか。これが後の南京大虐殺捏造の雛形になったような気もする。
それは措いて、このときは高陞号のときと同じように、いい白人が出てきた。ベルギーの駐日公使アルベール・ダネタンが「日本人はそんなことはしない」と仏観戦武官らを訪ね歩いて、下品な米国紙の記事は嘘だと外に向かって広報してくれた。

**宮崎**　しかし今でもウィキペディア（ネット上の百科事典だが左翼の書き込みが多い）には公然と旅順大虐殺が載っている。これも戦後史観支持者の仕業かな。いずれにしろ、日本人はこうやって降りかかる火の粉を自分で払う外交能力はなかった。だれか白人お助けマンがいないとお手上げと言っていいかもしれない。

**高山**　その通り。ただ外交の一手段である戦争だけは、はっきりしている。勝てばいい。そういう外交には強かった。そしてこの日清戦争でも日本は勝った。これで一番びっくりしたのが足軽国家のアメリカだったのではないか。アメリカは日本が支那に勝てるはずはないと思っていた。海軍次官だったセオドア・ルーズベルトが日本のまさかの日清戦争の勝利に驚く。
彼はアルフレッド・マハンに手紙を書き、「日本が日清戦争の賠償金で買った二隻の戦艦が日本に着く前にハワイを併合し、ニカラグア運河をつくり、大西洋と太平洋に大艦隊を浮かべたい」と。そして明確に「日本は脅威だ」と手紙を結んでいる。

**宮崎**　ちょっと脱線しますが、当時のアメリカはやっぱりニカラグア運河を優先して考えていたのですね。後日、パナマ運河に切り替え、コロンビアを騙してパナマを独立させるわけですが、百年後の今日、そのニカラグア運河を、あろうことか中国が建設すると言い出した。

工事は始まっているのですが、今年、二〇一六年七月になって契約主体の香港の企業が資金繰りに行き詰まっていることが分かりました。ニカラグア運河は恐らく完成しないでしょう（笑）。

## 04

# お雇い外国人ヘンリー・デニソン

**高山**　日本の外交はいろいろ他所でひどい目に遭いながら何も学ばず、いつの間にか日本人の感性で対抗してきた。小村寿太郎も同じ。支那人やアメリカ人のようには平気で嘘をつけない。そういう日本的感覚が、外交でも通じると思い込んでいたことが問題だね。

**宮崎**　そうですね。日本人同士で通じることを、そのまま国際的にも通用するだろうと思い込んでいるのです。逆に逆手《さかて》にとられて。中国、韓国に対しての謝罪なんてまさしくそうですよ。国内でやる時は日本人同士、お互いに気心知れているし、日本的価値観でやればいいんだけど、外国へ行く時は、我々はやっぱり人格を多重人格にしないとどうしようもないでしょう。

外交官のプロは、それを一番よく知っておかなきゃいけない。

**高山**　ここで問題になるのがヘンリー・デニソンだ。明治十三（一八八〇）年、外務省の法律顧問になって三十四年間、その職に居坐り続けたアメリカ人。お雇い外国人としては一番長く、明治から大正までいて日本で死んでるんだけど、根性からしてアメリカ人だった。格好だけで何もしなかった。日清戦争の時も彼が仕切ったが、三国干渉が出されれば交渉もしないで、そのまま呑みましょうだった。それで、遼東半島から何から全部ただで返してしまった。

**宮崎**　ロシアがドイツ、フランスを誘って展開した傲慢な外交でした。

**高山**　そんなのを呑ませられた。

日露戦争の時も、小村寿太郎の右腕と称していて、最終的に一寸の領土も一銭の賠償金も取れなかった。大金を払っているのに、お雇い外国人としての役割を何もしていない。彼の功績を語る時に「不平等条約を解消した」という。しかし、これは嘘だ。

この男じゃなくて、ダーラム・スティーブンスという、これは伊藤博文と一緒に朝鮮併合をやった時に、朝鮮をどう処置するかの手法を考えてくれた人物だ。駐日米公使上がりで、真剣に朝鮮併合に反対した。しかし併合した以上はこういうふうにやれ、ということを指南した。その前後に、実は不平等条約も全部、この男が伊藤博文のためにやってる。ヘンリー・デニソンとは好対照だ。

**宮崎**　三十年間も高い金を払い続けながら、日本の中枢に二重スパイを置いてたようなもんじゃない。

**高山**　そうそう。ポーツマス条約の時も彼は、ルーズベルトとしょっちゅう会ってる。日本のお雇い外国人で日本の小村のために働くべき男がね。
　そのルーズベルトとの裏交渉を含めてポーツマスのすべてを記したメモが、実は外務省に残っていた。それを幣原《しではら》喜重郎が見つけて、ある時、ヘンリー・デニソンのところに行って、「お師匠様、ポーツマス条約の経緯を詳細に綴ったあなたのメモが見つかりました。これは我々の参考として、ぜひともお借りしたいと思います」って見せに行ったわけ。
　ヘンリー・デニソンは、「ああ、そんなものがあったんだ。メモ書きです」と言って、歴史的事実が詰まったメモを、そこにあったストーブの蓋を開けて中に放り込んで燃やしちゃった。幣原の見ている前で。幣原も真っ正直に持って行くなよ、そんなメモをさ。取っておくべきだった。いかに狐やたぬきが飛び回っているかよくわかったはずだ。見つけたら、こっそり読んで日本の後輩のために保管しておくべきものだろう。

**宮崎**　日本人的外交官の典型だね。外交官は多重人格的でなければならないという外交センスがないからうっかりと持って行っちゃった。

**高山**　そうそう。

**宮崎**　幣原喜重郎という人は、本当に奇妙なことばかりやっています。

**高山**　ついでにここで幣原喜重郎の問題を済ませておくよ。幣原は第四期外交官試験に合格して、英語はよくできたようだけれども、典型的外交官試験組だね。外交官試験というのは、小村寿太郎も手伝ってできた制度で、明治二十七（一八九四）年に第一回が実施された。

外交官養成のための専門試験なのだけれど、どうも外交官の質はかえって落ちてしまった。ともかく幣原は最初から最後まで軟弱外交で通した。

あの時代、ヘンリー・デニソンがアメリカ側にいれば、日本側には幣原がいるという、もう実に日本外交の敗北みたいな構図だったわけだ。

あれもそうでしょう。ワシントン軍縮条約で、命の綱の日英同盟を断ち切るのを了承したのが、この幣原なんだね。だから、およそ日本にとって最悪の外交官は、幣原に尽きるね。それが外交官試験のトップ合格だったんだからね。幣原は挙句にはマッカーサーが押しつけた戦争放棄と交戦権の放棄を「私が言い出しました」と言っているんだ。救いようもない。

**宮崎**　おもしろいよね。

**高山**　あれはマッカーサーがローマのスキピオを真似て日本を滅ぼすためにつくったものだ。

何で、幣原がわざわざ日本製ですと言うのか。幣原の一生は最初から最後まで日本にアダなしてきた。天性の奸臣だった。

**宮崎**　ストーブで燃やしたというのは、誰かそれを書いてるの。

**高山**　幣原が自分の自伝で書いてる。

**宮崎**　結局、最後まで外交というのが何か分からないから、そういうことも平気で書くんです。それは自分の恥だという観念がないわけだ。

**高山**　その通り。アホの限りだ。デニスンが燃やしてしまったのも、日本的な感覚で自己卑下して処分したと思い込んでいる。

**宮崎**　ああ、なるほど。バカだね。

**高山**　幣原には本当に日本は泣かせられた。彼が出てくると、みんな暗転していくわけだよ。日本の運命がね。

# 05 外交官試験に通った堀口九萬一と白鳥敏夫

**高山**　外交官試験に通った外交官には、ダメな外交官が多いけれど、いいのもいた。堀口九萬一という、堀口大學（詩人、仏文学者）の親父がその一人だね。

彼がメキシコ公使時代の大正二（一九一三）年にクーデターが起きて、軍がマデロ大統領を殺してしまった。

大統領夫人と子供たちが、間一髪で日本公使館に逃げ込んできたんだね。

今考えてみれば、文化大革命さなかの紅衛兵みたいな連中がわーっと来て、日本公使館を取り囲んでマデロ夫人と子供を引き渡せと騒いでいる。

そこに堀口九萬一が正面玄関から出ていって、何語で言ったか知らないけど、公使館の前に日章旗、日の丸を広げて、「お前ら、入りたかったらこの日章旗を踏んで入ってこい。日本と戦争する覚悟でかかってこい」と大音声で呼ばわった。「まず俺を撃ち殺して、この旗を踏み越えて来い」と。クーデターの軍人たち、中にはモノの理非もわからないメキシコ人もいる。

そんなのまでが、へへえって、退いてしまったというからすごいね。

九萬一は大統領の妻子たちの安全を保証しろとクーデター側の親玉とかけあい、銃口に囲まれながら、船に乗せてヨーロッパに逃がしてやった。そこまでやった日本人外交官がいた。

ついでに昭和六（一九三一）年、満州国成立に絡んだ外交官の話もしちゃおう。

あの時、男装の麗人、川島芳子の手引きで天津から逃げてきた溥儀《はくぎ》が皇帝に就く。ところが、日本が満洲国をなかなか承認しない。

日本が承認したら、日本の傀儡国家だとアメリカの新聞が悪口を書こうと手ぐすねひいて待っている。米国記者は、どうなんだ、いつ承認するんだとせっつく。

外務省の情報部長だった白鳥敏夫が答えた。「いや、別に運河を掘るわけではないので、そう急いでいない」と。

これはどういうことかというと、一九〇二（明治三十五）年、セオドア・ルーズベルトが大統領になった時に、パナマで親米派の独立運動が起きた。アメリカがすぐ軍を送ってパナマを独立させた。米国はすぐに承認して、そのお礼に運河用地をパナマから取った。

このパナマの独立は米国の仕掛けで、パナマ運河を掘りたい一心で仕組んだ。

白鳥はそのことを当てこすって、こちらはパナマと違って陰謀はない。だから急ぐ必要はない、と言った。

これは上智大学の三輪公忠名誉教授から伺った話。ただ三輪先生は「白鳥は実に不遜だ」と言うのよ。どうして不遜ですか、これだけ堂々と渡り合える外交官はいないんじゃないですかと言ったら、「あなた、新聞記者やっててそんなこと言うんですか」みたいなことを言われた。

大学の先生というのは、どうしても日本は悪くないといけないと思っているみたいだった。

**宮崎** その上智大の教授はアメリカの代理店みたいな人だったのですかね。

**高山** この人は、日本が国際連盟を脱退したときに首席全権だった松岡洋右《ようすけ》の研究家。その関係で白鳥敏夫も研究されていた。そう言えば白鳥はクリスチャンなんだよね。それから松岡もクリスチャン。

**宮崎** だいたいパナマを横取りしたアメリカのやり方は汚いんだ。完全に属国だよね、パナマは今でも。

**高山** 運河が欲しい米国の私欲に振り回された小国の悲劇だ。ひどい話だ。だけど、そういう背景のあるパナマ運河の歴史を、ちゃんとこういう記者会見の場で当てこすった白鳥は、大したものだと思う。胸を張って日本国の正しさを主張している。向こうは新聞も政府も一体で非を鳴らすところもおもしろい。

それから小村寿太郎にまた戻っちゃうけど、日露戦争の時にニコライ二世が旅順の港で日本軍が開戦前に不意打ち攻撃をしたと、囂々《ごうごう》たる非難を浴びせてきた。

それに対して小村は「論評するに値しない」と一蹴した。今では相手の理解を求めるというのが、日本の外交姿勢だけど、それが「理解など必要ない。論評するにも値しない」と言った。ここだけは見習いたいね。

## 06 三国干渉とドイツ

**宮崎**　ここで三国干渉の問題ね。ドイツがここで非常に巧みに入ってくるわけでしょう。そして第二次世界大戦まで入ってきて。

**高山**　三国干渉はドイツが焚きつけたのか。

**宮崎**　ロシアが主導してやったことだけど、ドイツとフランスが声かけてやったんでしょう。

**高山**　焚きつけられたのはロシアだね。ヴィルヘルム二世が黄禍論だとか何とか焚きつけたんだよね。

日清戦争に日本が勝ったあと、黄禍論が巻き起こる。ちっぽけな船で八千トン級の装甲艦「定遠」をやっつけたんだからね。それに強い危惧を見せていたセオドア・ルーズベルトを含めて、欧米では「強い日本」への脅威論が出る。

発端は英国に留学した末松謙澄《けんちょう》。彼は留学先のロンドンで「源義経が落ち延びて大陸に渡り、ジンギスカンになった」という話を英語で書いて出版した。

おりからの日清戦争で近代化に成功した日本が、眠れる獅子・支那に勝利した。さらにそれで数億人の人口をもつ支那が目覚め、いま陸続と日本に支那の若者が留学し始めた。

ムッソリーニが後に言ったように「この東洋の二つの国が手を携えた時、彼らが世界のヘゲモニー（覇権）を取らないと誰が言い切れるのか」といった危機感が生まれた。これが十九世紀末から二十世紀初頭にかけて欧州に生まれた黄禍論だ。

これに対して伊藤博文は米国に金子堅太郎を、欧州に末松謙澄を派遣して、欧米の危機を拭い去ろうと試みた。その二人に託した口上が振るっている。

いわく「日本が進めている支那の近代化は決して黄禍に結びつかない。彼らに教育を施すことで結果的に支那の治安が安定し、ここを市場とする欧米諸国にとって歓迎すべき状況になる」と。

欧米が危惧する「黄禍」とは支那人のことであり、そこに日本も含まれているということを全く認識として持っていない、日本人は。

日本人は見なし白人で、アジア人とは違うという考え方、人種認識についてほとんど無頓着と言っていいほどの鈍感さが表れているのね。

その後、日本が日露戦争に勝つと、支那人と同じ枠に入れられ、移民排斥というまさかの差別に直面することになる。

昭和天皇はそうした白人優越主義、有色人種への差別に大きな怒りをにじませられたが、実際はその「人種」が歴史を転がし、歴史を作ってきた。

日本人は二十世紀に至るまで人種意識を持たなかった。日本人が国際情勢を、あるいは欧米諸国の動向を理解し得なかったのは、ある意味当然の結果ともいえる。

**宮崎** どっちにしろ、そのドサクサに紛れ込んだのがドイツでね。阿羅健一さんの『日中戦争は中国の侵略で始まった』（悟空出版）という本にこんなことが書いてあった――一九二四年、世界で革命を指揮していたボロディンが孫文の政治顧問になる。孫文が一九二四年に作った黄《こう》埔《ほ》軍官学校ですけれどもね。蔣介石は校長だったけれども、軍事教練はソ連の教官が最初行っていた。

**高山** 教官団の顧問団長がソ連のブリッヘル将軍。

**宮崎** それがいつの間にやら、ドイツ人になったんですよね。

**高山** えっ、ブリッヘルの後釜が？

**宮崎**　そうそう。そして軍閥には、張作霖《ちょうさくりん》が日本派であり、誰々がどこそこ派で、あいつがソ連派だとか、いろいろ区分けがあったんだけども、この各軍閥に外国人が顧問として関わっていた。袁世凱を支援したのはイギリスであり、呉佩孚《ごはいふ》を支援したのはイギリスとアメリカで、アメリカは孫伝芳《そんでんほう》も応援していた。ソ連は馮玉祥《ふうぎょくしょう》を応援し、日本は張作霖を支援した。ここにドイツがすーっと入ってきて、青島以下、みんな租借したわけ。ところが第一次世界大戦でドイツは負けて、イギリスが今度は日本をけしかけて、日本はほぼ無血でドイツを追い出す。

ドイツの捕虜をみんな日本に持ってきたわけでしょう。そうしたら慈悲深き日本はドイツ人を虐待どころか、ものすごいいい待遇をした。彼らは自分たちで好きな料理を作り、運動会もやっていた。第九交響曲を日本で最初に演奏したのは徳島県鳴門市の板東俘虜《ふりょ》収容所でしょう。戦争が終わって、あんたたちドイツへ帰れと言ったら、何人かが残りたいと言い出した。残ったのはユーハイムだっけ。このあたりの詳細は中村彰彦の直木賞受賞作『ふたつの山河』（文春文庫）に克明に書かれている。

**高山**　ロースハムのローマイヤとか、パン屋のフロンドリーブとかも残ったよね。

**宮崎**　そして、日中事変。これは支那事変が正しい呼び方だけど、事変の頃の中国軍の装備の大部分はドイツ製であり、中国軍の多数の将校はドイツ式訓練を受けていた。その軍事組織と防御施設は、すべてドイツ式を採り入れたものでした。もしも中国がドイツ軍の方式・装備を採用した努力が国内に行き渡り、その効果を上げさせるため、さらにあともう少し時間的余裕が与えられていたと仮定したら、日本軍ははるかに強力な中国軍と対戦することになっていた。まあ、とにかくドイツというのも、なかなかこれはくせ者でね。日本人の思っているようなドイツ人の像じゃないですよ。いまのメルケルの巧妙な立ち回りを見ていても、前のシュレーダー首相のような、ムジナのような外交をやるでしょう。

**高山**　ファルケンハウゼンだっけ、ヒトラー暗殺計画に参加した。彼も後任の軍事顧問として中国に来ていた。だから第二次上海事変の時の支那軍は、ドイツのヘルメットをかぶって、ドイツの制式銃を持って、それからこれもドイツ陸軍が採用しているチェコ機関銃を持っていた。その時、日本にはまともな機関銃がなかったからね。

**宮崎**　今も事実上ないけど（苦笑）。

**高山**　ドイツと中国の縁は、西太后に始まっている。彼女の離宮、頤和園《いわえん》にドイツ人の技師が入って、彼女の居室に電気を引いて明りを灯した。その明るさに西太后は感嘆して、すべての中国の電気事業をドイツに与えた。それが縁で、もうずっとドイツ、ドイツ、ドイツで。ドイツはだから欧米の中では中国に一番最後に入って、一番利権を取っていったのだ。義和団の乱も発端はドイツだった。

ドイツの宣教師がわーっと入ってきて、山東省で、それこそ道教の寺やなんかをみんなぶっ壊して、全部キリスト教に作り直して、それで支那人が騒ぎ出し、アンチキリスト教の暴動が始まったところに、義和団や……。

**宮崎**　新興宗教がたくさん。太平天国だって、新興宗教でしょ。カルトがいつの間にやら水ぶくれ、結局、五千万人が犠牲になる内乱になった。

**高山**　そうそう。そんなのが混じって。最初はドイツの教会とドイツの神父、その信徒らが集中的にやられた。北京に来てもドイツの公使をまず引きずり出して、耳鼻を削いだうえにバラバラにして心臓取り出して食っちゃった。

**宮崎**　さぞうまかったでしょう（笑）。

**高山**　という話がある。ドイツは、だから結構しがらみがあるんだよね、中国と。

# 07 日英同盟と日露戦争

**宮崎**　次は日露戦争の問題ですが、日本がロシアとではなく、イギリスと同盟を結んでロシアと戦ったというのは、日本の外交としてはよい選択だったと言ってよいだろうね。

伊藤博文なんかはロシアと組むことを考えていたけれど、日本に対して領土的野心を持ったロシアと組むよりは、領土的野心は持っていないイギリスと組む方が、長い目で見て日本により大きな利益があると考えたのは小村寿太郎だった。

**高山**　まあ、戦前の外交で、大局的には正解だったといえる同盟だった。イギリスと組めばその情報量に期待できた。イギリスの方も南ア戦争の処理で忙しく、日本を利用できると思った。両者の思惑が一致して同盟となったわけだ。

ビクトリア朝の英宰相パーマストンが言った「英国に永遠の敵や永遠の味方などいない。あるのは永遠の国益だ」という外交方針そのままだね。

**宮崎**　小村は九州の小藩、飫肥《おび》藩の下級武士の出身。ペリー来航の二年後に生まれています。

**高山**　確かに、日英同盟は彼の傑作ではあるけれども、日露戦争後の日露講和会議ではロシアのいいようにされている。上の01のところで少し述べたけれど、この本のタイトル「日本に外交はなかった」というのは小村の言からきている。だけれども、小村自身は日露講和ではロシアから賠償金を取ることもできなかった。日露講和の仲介をしたアメリカの真意も十分には読み取れなかった。

アメリカの思惑によって、大正十二（一九二三）年、日英同盟は解消させられるが、小村はそうした予見もできなかった。

**宮崎**　ところでね、二〇一六年九月二日に、安倍首相がウラジオストックへ行ってプーチンと会いましたが、その同じ日に岸田外相は日南市へ行って、小村寿太郎の墓参をしています。これって初めての現職外相の訪問ですが、過去の外交上の偉人にみならおうとする決意のあらわれであると良いのですが。

## 08 対華二十一か条要求

**宮崎**　対華二十一か条要求の話。第一次大戦中の大正三（一九一四）年八月二十八日に、日本は第三回日英同盟協約によりドイツへ宣戦を布告する。ドイツ事情と膠州湾《こうしゅうわん》の問題と絡めないと、大正四（一九一五）年の対華二十一か条要求というのは、よく分かってこないわけでしょう。五四運動だって、学生と農民が工場の労働者と反対運動を起こしたなんて言われているけど、あの時、中国には工場がないから労働者はいない。大学もほとんどなかった。

だから二十一か条というのも、ものすごく分かりづらいというより、最初からこれは袁世凱の陰謀だったんじゃないか。結果的に見たって、一番得をしているのは袁世凱ですね。一番損をしているのは、言わなくても分かるよね。

**高山**　アメリカの外交官ラルフ・タウンゼントが書いていたね。

この二十一か条問題について、日本は本当に中国にいいようにやられていると書いている。日本が馬鹿正直だと。

日本は日露ポーツマス講和で、ロシアが支那から租借した満洲権益をもらった。ただしそれは二十五年の期限つきで、日本は馬鹿正直にその延長を支那に求めた。

　本当はもうそんなことはどうでもいい。日本が事実上日露戦争に勝ったんだから。もともと満洲は中国の持ち物でもない。そのやらなくていい更新をやった。その更新にいろいろ余計なことを付け加えたのが、対華二十一か条だった。

　中味は支那に、我々が朝鮮を見事に安定させたように、よかったら同じように安定化をお手伝いしましょう、という善意の申し出だった。

　それを、日本のゴリ押しのように見せかけたというのが袁世凱の企みだった、とタウンゼントは書いている。僕はそのとおりだと思うし、タウンゼントはこの一件で、日米開戦のあと、米政府に逮捕拘束されている。

**宮崎**　そう。対華二十一か条の要求の真相が分かると困るからね。

**高山**　タウンゼント自身は日本人が嫌いなのよ。日本酒は、あんなガソリンみたいの、飲めたもんじゃないと言ってるんだから、結構正直な人間なわけ。
　彼がアメリカの当局からそこまで目をつけられた最大の理由というのは、袁世凱の対日悪企みに米国が深くからんでいること、それから、五四運動も米国が直接指導したのを知ってるからだよね。

その証拠に、あの時代、親米反日で活躍した胡適《こてき》にしろ、顧維鈞《こいきん》にしろ、みな米国留学組の連中だ。米国が親米反日の支那人養成を始めたのは、日露戦争が終わったあと。まず北京に精華大を作って、それから顧維鈞以下を顎足付きで米国留学をさせた。費用は義和団の乱の賠償金を充てた。

戦後のフルブライトと同じだ。どんどんアメリカに呼んで、親米反日にして送り返した。それが中心になって五四運動を起こしていくわけ。五四運動の実際の指揮者というのは誰かと言ったら、米国人宣教師フィッチ親子と公使のポール・ラインシュだ。

**宮崎**　アメリカ人のね。

**高山**　そうそう。ポールが指揮官で、対華二十一か条の条文を盗んできたのが、米留学から戻ってきたジャーナリストの董顕光《とうけんこう》。その後、南京大虐殺の捏造をやった男だ。戦後はぬけぬけ駐日大使もやっている。董を支えたのが米政府出資のチャイナ・プレスの責任者カール・クロウで、彼とラインシュで反日学運動を煽った。

**宮崎**　コミンテルンじゃないの。宮脇淳子説によると仕掛けたのはコミンテルンです。

**高山**　コミンテルンがやったと言い出したのはアメリカ人だ。みんな戦後になって、日中を離反させた悪さをしたのは、ソ連の仕切るコミンテルンのせいにした。そうすればアメリカの陰謀という説は全部消えるわけ。それでコミンテルンを強調することになる。

第一次世界大戦の時だから、まだコミンテルンはそんなに活動してなかった。

**宮崎**　コミンテルンはまだ発足したばかり、よたよたの時期でした。

**高山**　だから、そんな風に外に向かって活動するのは、ずっとあと。もうそれこそ、終戦間際ぐらいになってから。例えば、黄埔軍官学校のボロディンがちょこっと出てくるけれど、何の役割も果たさない間にシベリアへ連れて行かれて殺されてしまった。

だから、中国政策というのは、日本人はアメリカ人にごまかされ続けた。南京大虐殺にしたって、虐殺があったと騒いだのはフィッチ宣教師にマギー神父、そしてベイツ牧師に、あとはニューヨークタイムズのダーディン記者だとか、シカゴ・デイリー・ニュースのスティール記者とか、全部アメリカ人じゃない？

しかし戦後ＧＨＱの洗脳により、日中を戦わせたのは、蒋介石陣営に潜り込んだ共産党軍が指揮したコミンテルン一派の犯行だったと、日本人はいつのまにか信じ込まされた。全部アメリカ人がやっておきながら、やったのはコミンテルンだって。

最初から最後まで中国を日本にぶつからせて、日本の足を引っ張ってきたのはアメリカですよ。

でも、南京大虐殺の言い出しっぺはマンチェスター・ガーディアンのハロルド・ティンパーリーじゃないかと言う人もいるが、彼はその直前まで米国の対支那プロパガンダの本拠地ニューヨーク・ヘラルドにいて、米紙記者として支那人の工作の指導にあたっていた。

そうやって歴史を見ないと間違いを犯す。アメリカの狡さは、根が深く、それを、タウンゼントは知っていて危険だった。

**宮崎** だから監獄に入れられて、晩年のタウンゼントには発言の機会はほとんどなかったんですよね。

**高山** ないまま終わっちゃう。だから、反日親米というのは、もうずっと国民党政府がいた間の一つの形なのね。そこに中国共産党が入ってきた。彼らは主体として何もしていない。それを米国がさも狡猾な集団のように作り上げ、自分の罪をなすりつけた。中共というのは、そんな程度だったんじゃないの。

**宮崎** 当時はゴミ扱い。毛沢東一派なんて山賊の一団くらいの存在でしかなかったでしょ。

**高山**　ゴミだよね。

**宮崎**　ゴミのワン・オブ・ゼム、ああそんなのもいる、というくらいの存在感。

**高山**　だから、結構アメリカって、企み屋なのよ。

**宮崎**　それは言えます。しかし、やっぱりアメリカ抜きでは台湾の民主化は語れない。野党を作れ作れと要求したのもアメリカだったし、結局、アメリカの圧力で蔣介石はしょうがない、野党も認めざるを得なくなって、そこから始まったのが台湾の民主化で、あれは一九八〇年代ですかね。

民進党が出てきて、一九九六年に民進党候補も出ている時に、国民党の李登輝《りとうき》が勝っちゃったんだけど。

民進党は当時、二五パーセント取ってるんですよね。李登輝時代が終わったら陳水扁《ちんすいへん》が出てきて、全部アメリカの支援で。集会なんかを見てたって、映画のような盛り上がりと映像と光。選挙の現場を見て、これはアメリカの仕込みによる演出だと思いました。

党大会でも、アメリカ人が撮影技師とか照明の指導をやっている。

以後、台湾のテレビニュースがよくなっていくわけ。中国もそうでしょう。こうやって今の北朝鮮のアナウンサーのオバサンみたいに、「何とかかんとかである」って言ってた硬直さが薄れ、完全にアメリカのニュース版になってきた、中国のテレビも。

やっぱり中国人というのは、そういう意味ではアメリカにぴったり浸ってますよ、頭の中は。

**高山**　もう本当にまさにそのとおりだと思うね。じゃあその仕組みは何かといったら、やはり基本はインディアン戦争ですよ。アメリカ大陸をほとんど略奪していく時に、強いピークォート族がいたら、モヒカンに鉄砲持たせてやっつけさせる。

同じ先住民族同士を戦わせて、最後の締めは米騎兵隊が出て残りを皆殺しにする。時々カスターみたいにやられるバカがいただけの話で。

そういう悪いアメリカ人が、今度はアジアに出てきた。「秋風秋雨、人を愁殺す」と読んだ秋瑾《しゅうきん》以下、多くの支那人が日本に留学してきた。東京の街に一万人の留学生がいた。

実際、日露戦争のあと、ドイツの駐北京大使、フレイルが「今、街で支那人と日本人が手をとって提灯行列をし、花火を上げて日露戦争の勝利を祝ってる」「このまま、日本と中国が手を握ると、我々欧州人が持っているアジアの権益が危なくなる」と本国に書き送っている。

それを最も危惧したのが太平洋を挟んで対峙するアメリカだった。日本は一番ヤバいと思ってる。それで北京に清華大学を作り、支那人に米国への留学を誘った。だから日本に来る中国人留学生は減るわけだ。

でも、日本はそんなの気にしないで、ちゃんと立派な軍隊をつくるように、蒋介石を呼んで学ばせたりした。それから、昆明《こんめい》に行った時に軍官学校があったでしょう。

**宮﨑**　信じられないことに昆明まで行って学校を作ってさし上げた。数年前でしたか、その学校跡を高山さんと一緒に見に行きましたね。

**高山**　あそこはアジアと支那のもう一つの重要拠点で、フランスは鉄道を入れるわ、イギリスは領事館を置くわ。

**宮﨑**　フランスが鉄道引いたんですね、ベトナムまで。昆明ではタイの領事館が一番大きい。タイを通して外国勢力が入ってくるんですね。

**高山**　そうやって中国人に軍隊の作り方から、統率の仕方を教えてたら、その間に秋瑾も殺され、蒋介石を除いて日本留学組は勢いを失っていく。無事に残ったのは周作人《しゅうさくじん》ぐらいですか。

**宮﨑**　周作人は魯迅の弟ね。要するに、国民党を本当に握っていたのは孫文よりも宋教仁《そうきょうじん》ですけれど。これも孫文が嫉妬のあまり、袁世凱に頼んで殺しちゃうんだよね。黄興《こうこう》も日本にちょっと留学してるんだけど、実際の武装闘争をやったのはこの男なのですが、だから歴史から消えてるんです。

だから結局、孫文が国民党政府を主宰したような感じにして、それでその孫文の合法性を継続しているというので、その正統の後継者であると、蒋介石と毛沢東が孫文を取り合うのが戦後の中国史でしょう。

だから孫文は、自分はどうしてここまでえらくなったんだろう、仁徳天皇陵ぐらいの大きな陵までこさえてもらってますが、これは何かの間違いだろうって、泉下できっと思っているに違いない。

**高山**　南京の隣に孫文陵があるのよ。びっくりしちゃったよ。孫文は言い換えれば、初代アメリカ留学組だよね。ハワイかなんかだけど。英語を話して。孫文自身は強烈な親米反日じゃない。あんなに日本に世話になっておきながら。

**宮崎**　孫文は実質、反日ですね。

**高山**　日本に毎年一万人の支那人が来て学び、日本もまた東亜同文書院を上海に作り、「中日の英才を教える」とか、いろいろやって努力して積み重ねたものが、あるとき、ぽこっと消失して、気がついたら反日親米の組織に変わっちゃうんだよ。その裏で米国の本気の対支那政策が着々と進められていた。それに日本は全然気づかない。

# 09 日米対立

**宮﨑** 日米対立の問題だけど、戦前に日米対立を憂いた朝河貫一《あさかわかんいち》という学者がいた。この人が今話したような中国人・支那人と日本人との関係を早々に書き込んでいます。

明治六（一八七三）年に福島で生まれ、二十三歳で渡米してエール大学で比較法制史を研究して、長くエール大学教授を務めた。

日米開戦の際に、ルーズベルトにいいように利用された、天皇親電の草案作成に関係があった人ね。

この人が明治四十一（一九〇八）年、『日本の禍機《かき》』という本を出している。言うところは、日清戦争以降、列国が当時の清に対して、そこから得られる利益に関わって門戸開放、機会均等を称えるだけではなく、清の主権を尊重するようになってきているのに、その潮流に気づかず、徒《いたずら》に満洲を中心に清と対立を深め、それが日米の対立の原因になってきているという。

**高山** その、清の主権を尊重するという考え方ね。その本に書いてあったと思うけど、けっして列国が人道に目覚めてそんなことを言い出したんじゃない。そこをまちがってはいけない。

清から得られる利益に関して、どの列強も特段に不利にならないように機会は均等にしようという考え方が基本。

つまり清から得られる巨大な利益について、例えばロシア一国が独占するようになっては困るということで、清の主権を尊重しようと言い出したんだ。根はそれまでと少しも変わらない。

**宮崎** そう。そういう中で日本の行動が、東洋の秩序を壊しているかのように目立って見えるようになる、と朝河は言うわけだ。

**高山** いや、それは支那の問題だよ。日本が著しく清に対してひどいことをしていたわけではないよ。清が、日本に関するかぎり、常に針小棒大に世界に向けて言いふらすんだよ。

**宮崎** そう。朝河も言っている。支那が高慢、不条理、頑固のために日本人の感情を傷つけ、怒らせているのは確かだ。しかしそれに対して日本人が同じように応えれば、世界から見れば、日本が清を虐めているように見え、清に同情がいくことを危惧する。

そして、支那人ほど実利的で投機的な人種は世界にいないとして、こうも言っています。「支那は当座の目的を遂げんがためには、過去の恩義を埋没し去りて微塵も良心の苦痛を感ぜざるのみならず、恩義の主たる日本を不利の地位に陥れんがために一時あらゆる手段をもちうること忌《いみ》きざりしもののごとし」と。

まったくいまの中国と同じです。

**高山**　要するに日本人はそんな支那人に振りまわされ、どんどん悪役に仕立てあげられたんだ。

**宮崎**　日本は沈黙は金という価値観の国ゆえに、宣伝べたなんだ。清が清に有利になるように事実を捻じ曲げ、針小棒大にプロパガンダを発信しているとき、日本は何もしない。今の日本と同じです。

**高山**　それで、アメリカとは……。

**宮崎**　つまりは清に対する利権については、太平洋を挟んで日本とアメリカとが最も鋭敏でね。そのために日本とアメリカは対立を深めていく。

この朝河の本は先ほど言ったように明治四十一年に出たのだから、日露戦争が終わった後のものだ。だからロシアから譲り受けた鉄道や租借地は、いずれ清国に返すという姿勢を持っているべきだとしています。

日清戦争や日露戦争の前までは、清の主権を尊重するという気風はまったくなかったのに、日本が清やロシアに勝つと、急にそういうことを言い出すようになった。

**高山**　この対談本のタイトル『日本に外交はなかった』ではないけれど、そのところを当時の日本は読み取れなかった。小村寿太郎の責任だね。

# 10 日米開戦

**高山**　さて、日米開戦だけれども、その原因は抬頭した日本人が非白人だったことに尽きる。ほぼ確立された白人支配体制を破る危険な国柄として、いずれは潰される存在だった。米国が日本の脅威に気づいたのは、ハワイ併合に対する東郷平八郎の干渉だった。

あの時、セオドア・ルーズベルトは「日本を脅威と思う」と率直にアルフレッド・マハンに言い、大統領になるとパナマ運河をつくり、支那をてなずけ清華大学を作り、着々と日本を支那の敵に仕立てていく。

ウッドロー・ウィルソンがそれを継いで国際連盟で日本を孤立させ、次のハーディングのとき、日英同盟を解消させて白人クラブから完全に追い出した。

その後は孤立した日本を支那を使って疲弊させる。第一次、第二次上海事変も米国の肝入りだった。

日本が満洲に活路を見出そうとすれば非難する。日本を経済封鎖する。日本を病原菌よばわりして隔離宣言まで出す。日本人はそれに耐え続けた。基本的には日本人は劣った有色人種だから、戦争になってもいつでも勝てると米国は思っていた。いつやるかは米国の都合のいい時を待ち、それまでじっくり日本をいたぶればよかった。フランクリン・ルーズベルトの経済政策が失敗し、同時に欧州で第二次大戦が勃発した。それは最もいいタイミングに思えた。そういう大きな潮流があって、その流れの上で日本はもがいていた。

**宮崎**　日本とアメリカが顕著に対立し始めたのは、昭和六（一九三一）年の満洲事変からだろうね。この時、後にルーズベルト大統領の陸軍長官となるスチムソンが、フーバー大統領の下で国務長官を務めている。そのスチムソンが満洲事変に対して怒り始め、日本を制裁していこうと思うようになる。

**高山**　ルーズベルトは大恐慌のあと、ニューディール政策で経済復興を試みた。しかし失業率はいっこうに改善しない。結局、戦争でしか景気は浮揚しないと思い始めた。それは一九三九年のドイツのポーランド侵攻で具体化するのだけれど、ルーズベルトはそれ以前から、つまり大統領就任時から、太平洋の先の日本を潜在敵と強く見なして、日本破壊を心に誓っていた。その証左は今、宮崎さんが言ったフーバー政権（共和党）の中で、最も強硬な反日政策を口にしてきたスチムソンをそのまま自分の新閣僚名簿に入れて、それも戦争担当の陸軍長官に任命したこと。

スチムソンはだから、満洲事変で大騒ぎして反日を打ち鳴らした。日本をとにかく追い詰める。遠い先の日米開戦の準備の一環だ。
先ほども言ったように、ワシントン条約でハーディングが日英同盟を解消させた。これも同じように日米開戦に備えた対日政策と見ていい。その流れをたどればセオドア・ルーズベルトのマハンへの手紙に辿り着く。セオドア・ルーズベルトからフランクリン・ルーズベルトまで、対日開戦準備の執念深さは、有色先住民を皆殺しにしていたキリスト教的「明白な使命」（マニフェスト・デスティニー）に通じるものがあると思う。三百年かけてインディアンを殺し尽した執念で日本を滅ぼそうとした。だから、日本のやることにことごとく因縁をつけてきた。支那人を早々に抱き込んで反日をやらせ、満洲帝国に因縁をつけてきた。
その執念は日本の宰相が誰であっても変わらなかった。つまり回避できる戦いではなかったと思う。

**宮崎**　日本はその流れをまったくつかみえなかった。

**高山**　その米国が日米開戦を本気で意識したのは、やはり一九三九年のドイツのポーランド侵攻だった。このころアメリカの失業率は一九二九年のころと変わっていなかった。景気は浮揚しない、ニューディールもダメで、それで一九四〇年からルーズベルトは本格的な開戦準備を実施する。米西海岸ロングビーチにあった米太平洋艦隊にハワイ沖で演習させたあと、真珠湾に置き去りにした。そしてこの補給も支援もない空間に太平洋艦隊を一年半も、つまり真珠湾攻撃までつなぎっ放しにした。その一方で、支那にはフライング・タイガーズ（米国が義勇軍として送り込んだ、パイロットと戦闘機）を配置し、蒋介石軍を増強した。

**宮崎**　フライング・タイガーズと飛行部隊を使って日本を攻撃しようとしていたんだから、日米戦争はアメリカが先に開戦しようとしていたのです。

**高山**　英国がドイツの先手を取ってアイスランドを占領し、大西洋航路の安全を図った。米国と示し合わせた結果だが、英国もこんな島に一個旅団近い英将兵を遊ばせておくわけにもいかない。それで参戦前の米国がこっそり米軍を派遣し、アイスランドを制圧の上、デンマークの支配から独立させた。

デンマーク本国がヒトラーの支配下に入れば、デンマーク領のアイスランドも自動的にヒトラーのものになる。それを防いだ予防的占領だが、どう見たって参戦していない米国が勝手に他国の領土を占領し、独立させたとしか見えない。明らかに国際法違反、戦争法違反。にもかかわらず、同じ時期、日本がビシー政権の了解のもと仏印に進駐すると、米国は自分のやったことは隠して大声で非難し、一方的に経済封鎖してきた。傲慢にして一方的、日本側が首脳会談を申し込んでも、この一年半は結局は応じなかった。こういうお膳立てというか長期プランがあった。その中で具体的な日本側の動きはというと、そこまで読み通せていない悲しさが浮かんでくる。それが松岡洋右の動きによく出ている。

**宮崎** そして昭和八（一九三三）年、日本は満洲国承認をめぐって国際連盟を脱退していく。この時、スチムソンがルーズベルト大統領の下で陸軍長官をしていた。

昭和八年の国際連盟の脱退は、松岡洋右の意思ではなかった。この時の斉藤実内閣の外務大臣内田康哉が悪かった。非常に強い強硬路線を取った。

**高山** 松岡は誤解されているよね。

**宮崎** 松岡洋右は、戦後著しく誤解されてしまった外交官です。歴史教育とマスコミの責任もさりながら、責任を松岡一人に押し付けようとした近衛文麿という面妖な政治家の存在も大きい。

国際連盟脱退にしても、松岡は「二階に上がっている内に梯子を外された」というのが真相でしょう。松岡は最後まで脱退に反対していたのですから。

この松岡は長州の廻船問屋「今津屋」のせがれ。実家の破産により十三歳で渡米し、塗炭の苦しみを味わいながら九年間を送った。この時の世界経験が彼の資源となって外交官生活の基礎を固めました。松岡洋右は実はドイツ嫌いでした。

**高山**　三国同盟を結んだ松岡が？

**宮崎**　「ドイツほど信用できない国はない」というのが松岡の持論で、「自国の利益のためなら平気で他国を犠牲にして裏切り、迷惑をかけることなど屁にも思っていない。その外交姿勢は徹頭徹尾利己的で打算的であり、ドイツと関わった国の外交は例外なく混乱を余儀なくされている」と福井雄三教授の『よみがえる松岡洋右』（PHP研究所）に書いてあります。まさにそのとおりで、日本は三国同盟を結び、ヒトラーに心酔したが、ドイツが裏でやっていたことは蔣介石支援だった。

松岡は上海に三年、大連に一年。すっかり中国大陸に魅了され、また上海では山条（財界総理的大物、上海経済を左右する三井物産社長。山本条太郎が本名）の知遇を得ています。松岡に決定的な影響を与えたのは、この山条と、当時まだ健在だった山県有朋だった。明治維新の元勲にして吉田松陰の教え子、奇兵隊として活躍した山県有朋は、明治の政界の黒幕としていまの椿山荘に陣取っていた。

まだ二十七歳の若さで山県有朋と対面した松岡は、何ら臆することなく持論を展開し、山県を圧倒したという逸話が残ります。奇兵隊の軍資金を調達したうえ、木戸孝允の愛妾だった幾松を匿い、そして倒産した今津屋は、山県有朋が世話になった恩人。「君はあの今津屋の倅か」と知ることになった山県は以後、松岡を気に入り、山県邸に出入り自由となる。

松岡が次に赴任したのはペテルブルグ、そこでロマノフ王朝の末路を予見するに至る。松岡をハッタリ屋、大言壮語の大風呂敷野郎と誤解する向きもありますが、彼は「錯綜する情報を冷静に分析して、正確な判断と結論を下すことのできる、冷徹なリアリスト」だったと福井教授は何回も強調しています。

また松岡は清朝の崩壊を予見したように、世界情勢が重大な局面にさしかかった時、それがどのように進展していくか予言して、ほぼ的中している。情報収集能力もさることながら、恐らく彼には、物事の本質を直感的に把握する、天性の洞察力が備わっていたから、と福井教授は言うのです。

**高山**　だから、松岡としては国際連盟脱退には反対だった。

**宮崎**　しかし、松岡は戦後の歴史家の間で過小評価され、かわりに石原莞爾への過大評価が出てきた。一方で東條英機が極端に歪められ、岸信介がいまなお過小評価されているようなものでしょう。

**高山**　歴史の中での人物評価って、いいかげんだよ。バカなやつが高く評価されたり。

**宮崎**　本題に戻るけど、国際連盟を脱退して孤立した日本は、昭和十一（一九三六）年、広田弘毅内閣の時に日独防共協定を結ぶ。

**高山**　その広田だが、外交官試験では吉田茂と同期。戦後、東京裁判で唯一、文官で死刑の判決を受けた。昭和二十一（一九四六）年、広田が逮捕されると、静子夫人が、夫を楽にしてあげたいと言って自殺する。

**宮崎**　それを美談として、城山三郎が『落日燃ゆ』という小説を書きました。城山のような左翼作家が同調しやすいのでしょうね。

**高山**　でも外交官としては失敗だよね。彼は二・二六事件の後を受けて総理大臣になるんだけど、何と、大正二（一九一三）年に廃止された陸海軍大臣の現役制を、いとも簡単に復活させてしまう。軍部の発言がますます強くなり、内閣は一層弱体化する。

　事実、翌年には寺内寿一陸軍大臣が、議員に侮辱されたと言って内閣を潰してしまう。広田は総理を降りなければならなくなった。

それに昭和十二（一九三七）年に成立した近衛文麿第一次内閣で外務大臣を務めていた時、「国民党政府を対手とせず」といういわゆる近衛声明を、軍部の反対を押し切って出させた。これは、蒋介石が米国の手先だと見抜いていて、それをストレートに言ってしまったんだ。アメリカはそれもまた日本叩きに利用する。こういう人物は戦後に残したくない。だからアメリカは東京裁判で死刑にしたんだ。

**宮崎**　そこでさらに日米関係を悪化させたのが、松岡洋右外相の下での昭和十五（一九四〇）年の三国同盟の締結。松岡は、日米和解は力によってしか解決しないという信念の下に、ドイツと提携して、その力の強さのもとに日米和解を図ろうとしたのだが、良い目は出ず、日米対立をより悪くするという悪い目のみが出た。

ともあれ松岡は、その力を背景にして海軍の野村吉三郎を担ぎ出して、日米交渉をさせた人だが、ルーズベルトの前ではもはや手遅れだった。

**高山**　ルーズベルトの母親のサラ・デラノの家はラッセル商会の幹部のデラノだ。アヘンと苦《クー》力《リー》貿易で財を成していた。だからルーズベルト自身も支那への贖罪意識もあり、自分の墓も支那風にしている。支那人の根性も知っているから、そこを利用して日本苛めに使った。

表向きは野村らと和気藹々《あいあい》としながら、日本に対しては一片の同情心も持っていなかった。

日本を追い詰めていって、念願の戦争へと持っていくわけだ。

**宮崎**　この日米開戦直前の日米交渉の経過は杉原誠四郎氏が平成九（一九九七）年に出した『日米開戦以降の日本外交の研究』（亜紀書房）に詳しいね。これは翻訳されてアメリカ人も読んでいる。

杉原氏は、ルーズベルトが日本に対して悪意の固まりであったとしても、日本の外交が十分に能力を機能していたら一〇〇パーセント日米開戦は回避できたと言っているね。

**高山**　しかし、先ほども言ったようにアメリカのあの執拗さを考えれば、やはりいつかは戦争になっていた。

**宮崎**　でもね、日本がドイツ、イタリアと三国同盟を結んだのは昭和十五（一九四〇）年九月。その後に、アメリカで大統領選が行われた。ルーズベルトが三選されれば戦争になる恐れがあるということで、元々アメリカの歴史にはなかった三選ができない状況が出始めた。そこで十月、ルーズベルトはラジオを通じて、「あなた方の息子さんは絶対に戦場に送らない」と言って、「不戦の誓い」をした。

「不戦の誓い」をして大統領になったのであるから、自分の方から戦争を仕掛けることはできない。戦争を仕掛けられるように持っていく、というわけね。
そう考えなければならないのだが、当時この大統領の発言を分析して、このように発想した人は外務省の中に一人もいなかった。

**高山**　その後は、戦争を仕掛ける方向に日米交渉は進んでいくのに、そのことに誰も気がつかなかったということね。

**宮﨑**　それに昭和十六（一九四一）年、六月二十二日に独ソ不可侵条約を結んでいたドイツとソ連とが、ドイツが仕掛ける形で独ソ戦が始まる。日本は三国同盟を結んでいたが、この年の四月に日ソ中立条約を結んでいる。三国同盟からすれば、ソ連に侵攻してもよい立場に立っていた。このような外交は昭和天皇がお許しにならないであろうが、しかし外交カードとしては使える。日米和解がならなければソ連侵攻をすることになる、とアメリカに迫れば、恐らくアメリカは日米和解の方を選んだだろう。ともあれ問題なのは、このような外交カードを思いついた人が外務省の中にいなかった。

**高山**　独ソ戦争という折角の外交カードを使わず、無為に時間を過ごしたわけだ。

**宮崎**　陸軍からもこの時、何の知恵も出てこなかったから、陸軍も悪いけどね。

**高山**　そういえば、この年十一月二十六日、ハル・ノートを突きつけられた時の知恵のなさは溜息が出る。

この時の外務大臣は東郷茂徳。真面目に頑張ったことは認めるけれども、知恵がなかった。この時、あまり知られていないことだけど、実は日本もアメリカの外交電報を解読していた。それで、ハルから駐日大使のグルーに宛てた電報を読んで、アメリカはハル・ノートとは違う、暫定的に衝突を回避するために暫定的提案も作っていたことを知る。これもアメリカが言い訳用に用意したとも思えるけれど、それをハルはグルーに提示しないことにしたとわざわざ知らせる。だから日本はハル・ノートをアメリカの最終案だと思うわけだ。だけどこれは、米国が望む戦争を回避する手段が日本に無かったワケじゃないことを示している。

だからハル・ノートは、大々的に公表してアメリカ国民に伝えるべきだった。ハミルトン・フィッシュの『ルーズベルトの開戦責任』という回想録には、ルーズベルトがハル・ノートを公表しなければならなくなるので、真珠湾の司令長官ハズバンド・キンメルを、ただ罷免したままで軍法会議にかけなかったことが書いてある。軍法会議を開けば、アメリカ議会にも市民にも知らせずに日本を戦争に追い込んだハル・ノートを、公にしなければならなくなるからね。ハル・ノートは戦後パール判事が「ルクセンブルクだって開戦に踏み切る」と言った内容だ。

だから罷免で逃げた。それを日本側が察知して公表し、ルーズベルト政権の魂胆を世界に示せば、あるいは開戦はなかったと思う。なぜ、日本側がアメリカ同様これを伏せたのか。もう開戦を決めていたからかもしれない。いずれにせよ、それが唯一無二の開戦回避の手段だった。

**宮崎**　とすれば、杉原氏の言うように、日本の外務省の能力が高ければ、日米開戦は一〇〇パーセントなかったと言えなくはない。

# 11 真珠湾奇襲

**高山**　それで日米開戦の真珠湾奇襲の話だけど、真珠湾は完全にはめられたわけでしょう。先ほども言ったように一九四〇年五月に、米太平洋艦隊司令長官リチャードソンの反対を押し切って、ロングビーチにあった米太平洋艦隊を無理やり真珠湾に足止めした。日本の手の届くところまで移してじっと待つ。これは普通、囮《おとり》というよね。

それで一年半ののちに真珠湾があるんだけど、その間一生懸命日本にちょっかいを出して怒らせる。ルーズベルトは近衛との首脳会談には一切応じなかった。追い詰めて追い詰めて。首相が東條に代わって、日本はルーズベルトの思惑に乗せられ開戦に走る。

もう一つ、不思議がある。山本五十六は知米派として知られる。彼は真珠湾攻撃に飛びつくが、あの米国をよく知る者なら、アラモの砦やメイン号事件を知っているはずだ。アラモはメキシコ領テキサスに米国人が入植させてもらって、入植者がメキシコ人より多くなったところで住民投票で「メキシコからの独立」を宣言する。ふざけるなとメキシコ政府が怒って軍を差し向けると、アメリカは独立派米国人二五〇人の立てこもるアラモ砦を見捨てる。全滅したところで「メキシコは酷い」、「リメンバー・アラモ」と言って軍隊を義勇軍にしたてて襲いかかって、テキサスを分捕ってしまう。

メイン号事件は、キューバのハバナ港に入った米艦のメイン号が謎の爆発で沈み、米水兵ら二五〇人が死ぬ。今度はリメンバー・メインで、キューバのスペイン軍に襲いかかってキューバを占領して米国の保護国にしてしまう。罠を仕掛け、自国民を殺させて、その復讐という形で戦争を仕掛けるのがアメリカの形だ。それを知っていれば、真珠湾の太平洋艦隊が何を意味するか。五十六が知米派だったら見抜いているはずだ。

**宮崎**　「アメリカをよく知る山本五十六」が真珠湾をやりましょうと言った。知米派、親米派というのは騙されやすい愚か者という意味なのかもしれない。

**高山**　それでも罠を仕掛けたルーズベルトをびっくりさせたのが、あの戦果だね。

水深一四メートルだから、どこの雷撃機が来たって魚雷は打てないよね。日本人は急降下爆撃もできないと信じていた。

アラモ砦だって二五〇人死んで戦争を起こさせたんだから、まあ二五一人以上三〇〇人未満戦死すればいいとルーズベルトは読んでいた。むしろルーズベルトは日本軍機がヘタで死傷者が出ないのを心配していた。ところが、日本側はものの見事に雷撃し、急降下爆撃もやって予想の十倍も戦死者を出した。二千五〇〇人も死なれると、これはやっぱり大統領は何をやっていたんだということになる。あれだけ日本が悪い、病原菌だ、好戦的でどうしようもない国だと言っておきながら、おめおめと、それも海軍基地を見事にやられてしまった。ハミルトン・フィッシュの本を読むと、ルーズベルトは真珠湾攻撃で大きな被害の出たあと、かなり落ち込み、おどおどしていたとある。作戦成功、意気揚々と「思うとおり罠にはまった」「やっぱりあいつらは」と開戦演説するかと思った。得意満面で一時間も演説するのかと思ったら、十分で終わってしまった。

**宮崎**　おしゃべりだったのが。

**高山**　毎週のラジオ放送やら頼みもしない日本隔離演説で、ベチャクチャ喋りまくってきたのに、たった十分で終わっている。その辺の心理状態は、誰もまだ研究していない。

**宮崎**　お話に出たフーバーの回顧録が、渡辺惣樹さんの訳で秋に出る予定です。先に藤井厳喜さん、稲村公望さん、茂木弘道さんの三人が『日米戦争を起こしたのは誰か?』（勉誠出版）という書名でこのフーバーの本を紹介し、話題になっている。この本、七十年間もお蔵に入っていた。本の中で、ルーズベルトはキチガイだと書いてある。それもすごい話です。

情報の話に戻りますが、真珠湾攻撃はそれなりに情報をとっていたから成功した。もっともアメリカと比べてまだそれほどではない。しかし戦後は、情報というのをどうしてすっかり失ったんですかね。戦前までは、僅かながらも日本は情報戦略というのをそれなりにちゃんと持っていた。

日清・日露という祖国の運命をかけた戦争を経験していますから、情報の意義は十分に理解出来ていたはずです。

**高山**　持っていたはずだよね。だってハワイも罠かもしれないと思いつつも、でもきっちりその戦果は上げたし、プリンス・オブ・ウェールズも沈めたし、シンガポールも落とした。日本軍も予想外のことをやった。

**宮崎**　フィリピンに空爆した時、マッカーサーがびっくりして、どこから飛んできたのか。こんな長距離を飛べる戦闘機を、日本は持っていないとタカをくくっていたら、台湾から飛んできた。

**高山**　ルーズベルトのいろいろな本を読んで、その裏を読むと、米国はB17という、ドイツ機も落とせない重爆撃機を持っていた。

これはフィリピンとウラジオストクを往復できる。日本の戦闘機が迎撃しても逆に楽々落とせると思ったわけだよ。

だから、真珠湾で開戦しても三か月もしないうちに、B17で徹底的に日本本土を叩いて降伏させられると思っていた。

もちろんシンガポールなんて落ちるとも思わんし、プリンス・オブ・ウェールズも沈むと思ってもいなかった。三か月、四か月で叩きのめして、あとはドイツに専念すればいいぐらいに思っていた。

それがもうまったくの予想外の展開になって、日本は欧米植民地を四年も確保した。おかげでアジア中の民衆が、日本軍に白人が逃げ惑うのを見て、それで彼らは目覚めた。四年もあれば、アジアの民衆が自分たちで軍隊を作ったり、自分たちでどうやって国をやろうかということを日本人に教わる時間が十分に持てた。

これが三か月、四か月でつぶれていたら、日本を含めて、もっと厳しい植民地支配下になる。白人の世界支配は完成していた。

だから先の大戦は負けたとはいえ、結果から言えば白人支配は打ち破られた。ルーズベルトやチャーチルの負けだよ。植民地を独立させてしまったのだから。日本は戦争という外交では負けた。罠にもはまった。汚名も着せられた。

だけど、日本が最初抱いていたアジア解放、人類解放、人種平等という、国際連盟の時代からの人類の思いは達成したんだよ。

**宮崎**　高山さん、ここでいつか聞いた「零戦の歴史的貢献」の話をしてくださいよ。

**高山**　零戦の話ね。零戦の評価は、日本人自身も誤ってるんじゃないかと思う時がある。米国は、これはマイケル・シャラーの『マッカーサーの時代』という本の中に出てくるんだけど、第二次世界大戦に入った時にB17を英国に供与して飛ばした。

日本と開戦する前、ドイツのハインケル、メッサーシュミット、フッケウルフが総がかりでもB17を落とせない。スピードから何からいっても圧倒的に速くて、一機も落とせなかった。そんな「落ちない重爆機、B17」を、太平洋に一〇〇機持ってくるはずだった。それでマニラとウラジオストクの距離を飛べた。マニラとウラジオストクの間を往復して、少し日本に脅しをかけようという計画だった。

ルーズベルトはそんなのが日本上空を飛んでウラジオストクに行ったら、もうそれだけで日本の戦意が萎えちゃって絶対開戦しなくなると計画を中止させている。

ところが、いざ開戦となると日本は零戦を持ち出してきて、欧州戦線では一機も落とされなかったB17が、それこそバタバタと落とされる。

一番最初は開戦三日目に、ルソン島北部に上陸してくる日本の輸送船を目がけて、B17が単機、飛んできた。護衛機なしは欧州戦線では当たり前だった。落とされないから、平気で行くわけ。

それを坂井三郎たちの零戦が見つけて追いかけて、落っことしてしまった。そのあとボルネオで三機だったか、零戦が落とす。一番痛快なのはニューギニアで九機の零戦が五機編成のB17をまとめて落とした。アメリカはそれで一機を除いて、全部、〝安全な欧州戦線〟に戻したとシャラーは書いている。

肝心のB17が零戦にやられた。それで日本をB17でやるという作戦がだめになった。その零戦に勝つ飛行機を作るまで、戦争期間が延びたわけだな。その期間に日本は何をやったかといったら、東南アジアに行って、アジアで築いていた白人の植民地を全部ぶっ壊しちゃったわけ。白人支配をぶっ壊した。それで、やっとアメリカが反攻に転じた時には、もう全白人は追い出されるか、捕虜になるかしていた。アジア植民地はその間に三年も自治国家になる準備をしてきた。戦後の独立は避けられない勢いを持っていた。

言い換えれば、アメリカの初期計画、パール・ハーバーの次はもう日本の降伏調印、のはずが三年半延びた。ということは、結局、零戦のおかげだった。だから、日本はいろいろなことを日清日露でやったけど、最大の功績というのは白人神話を現地でみんなつぶしてきた。そしてその陰には零戦があったということだ。百田尚樹さんも喜ぶ話だよね。

## 12 「最後通告」手交遅延

**宮崎**　次に日米開戦に当たって、対米最後通告遅延の問題について話し合いましょう。

これほど大規模な戦争を始めるに当たって、宣戦布告の意味を込めた最後通告を攻撃前に手交することになっていたのに、予定の時間通りの手交をせず、事務失態で攻撃が始まってしまった後で渡すことになったというのは、世界史に残すべき外交の失態だよね。この事実は日本人なら誰もが知っていることだけど、あまりにも重大な失態だから教科書に書かれて良いよね。「新しい歴史教科書をつくる会」の中学校の歴史教科書『新しい歴史教科書』では、この失態について触れている。

**高山**　だけど、この問題でいつも僕が思うことがあるんだ。この時の事情を考えれば、もともと宣戦布告はしなくていいんじゃないの。だって、日本が対米戦を決断するのは十一月二十六日のハル・ノートじゃない。先ほども出たようにハル・ノートを突きつけられたら、モナコやルクセンブルクだって立ちあがるであろうというシロモノだよ。ハル・ノートそのものがアメリカからの宣戦布告だから、日本は明らかに自衛戦争をしたんじゃないか。自衛戦争だったら、宣戦布告はいらない。それが当時の国際法で言ってたことだから。

**宮崎**　だけどアメリカは、日本が無通告で真珠湾攻撃したとして団結したわけね。それが原爆投下まで続く、激しい戦争の原因になったことは認めざるをえない。

**高山**　そのように仕向けたのはルーズベルトだ。あるいはアラモ以来のアメリカの伝統外交だ。彼はアメリカの国民にとっても敵だよ。日本に戦争を仕掛けさせて、それであれだけアメリカ兵を死なせたんだから。

**宮崎**　いずれにしても、本省から緊急態勢を敷けと言ってきているのに、緊急態勢を敷かず、手交の遅延を引き起こしたワシントンの日本大使館の責任は大きいね。責任者は井口貞夫参事官だった。

**高山**　それでタイプを打つ担当だった奥村勝蔵がその前夜、タイプを打たないで遊びに行った。どこに遊びに行ったかは、今をもって判明していないのはどういうこと。分かる？

**宮崎**　ともあれ、翌日午前、奥村は一所懸命タイプを打ち出すんだけど間に合わない。

**高山**　間に合わないかもしれないと分かった時、手交が定刻の時間より遅れることをハルに通知するのみで、間に合わせるための工夫の智慧がまったく出てこない。
　本省から現地のタイピストを使ってはならないという指示が来ており、それを忠実に守るだけで何の工夫もしようとはしない。

**宮崎**　現地のタイピストを使うなというのは、最後通告の文章が機密だからだよね。だったら時間節約のために現地のタイピストに打たせて、その最後通告をハルに手交するまで、タイピストを部屋に閉じ込めておけばいい。ハルに手渡したら機密文書ではなくなるんだから、それから解放すればいい。

**高山**　いや、まだ他の方法がある。手書きですませばいいんだよ、手書きで。

**宮崎**　本当に機転がきかない。そして問題はこの最後通告を読んでも、これが宣戦布告だという認識が出てこなかったことだ。ルーズベルトは解読電報を読んですぐに宣戦布告だと思ったというのに、日本の大使館はそう思わなかったというんだから。一時に渡せという指示が本省から来ているわけですからね。タイピストを使っちゃいかんということも言っているわけですね。そうすると非常に重要な電報だということは、もう言わなくても分かるわけですよね。そして万端準備態勢ね、態勢はきちんとしろと指示されていたにも関わらず、それが宣戦布告だと分からなかった。

**高山**　宣戦布告の認識のないままに、指定時間から約一時間半遅れて、大使の野村吉三郎と来栖三郎はハル国務長官にこの文章を渡す。

この時、ハルは電報の解読によって文章の内容はよく知っている。そして真珠湾攻撃の始まったこともよく知っている。でもそれを知らないかのようにして読み始めて、そして激怒していく。

このハルと会っている時、野村と栗栖は真珠湾で攻撃が始まったことを全く知らなかった。

**宮﨑**　大使館に帰ってからラジオでそのニュースをけたたましく報じているのを知って、真珠湾攻撃が行なわれているのを知った。

**高山**　そうしたらハルに渡した文書は、宣戦布告の意味だったことが分かる。だったら指定の午後一時に手交することがいかに重要だったか分かるよね。だとしたらあの文章は一時に手渡すはずのものであり、事務失態によって約一時間半遅れたことを何としてでもアメリカ国民に伝えなければならない。この時、真珠湾攻撃の事を知ったアメリカの新聞記者が大使館に押し寄せてきた。その記者にいっさい説明していない。だからルーズベルトによって騙し討ちだと言わせるようになった。
さらにはその際、アメリカからハル・ノートを突きつけられたことを言っておくべきだった。これは渡辺惣樹氏の訳したハミルトン・フィッシュの『ルーズベルトの開戦責任』という本で知ったが、多くの日本人も知らないまま、開戦を論じてきた。

**宮崎**　ハミルトン・フィッシュは戦後まで知らなかった。

**高山**　そうそう。それで大使館で野村や来栖が、一言でもハル・ノートについてアメリカの新聞記者に喋っていたらよかったんだ。ハミルトンは、ルーズベルトがハル・ノートのことを知りながら何も言わないで戦争に賛成させたのを怒っているわけだ。あの時、ハズバンド・キンメルをなぜ軍法会議にかけなかったか。二千何百人も死者を出したのに、まったく防備はなっていない。あれだけ痛烈な被害を受けたということについて、キンメルをなぜ軍法会議にかけないか。当然、かけなきゃいけないのにね。それをなぜかけないかということをハミルトン・フィッシュが懸命に追いかけていくと、ああ、ハル・ノートが実は隠されていたんだだと。それを軍法会議になったら出さなくてはいけない。その時点で世界に公開したら、アメリカの悪意が知れ渡ったはずだ。だから野村や来栖が一言ハル・ノートのことを喋って、その存在を明らかにしていたら、日米戦争はかなり変わったものになっていたろう。

**宮崎**　本省による最後通告の修正電というのがあって、それで清書が遅れたという説が最近出てきた。最後通告の修正のため仕上げが遅くなったのは事実なんだけど、本省がその訂正電を意図的に遅く発信して、意図的に指定時間に手交できないよう仕組んだのではないか、という説だ。もちろん、そういうことはない。たとえ仮にそうだとしても、今ここで高山さんと話し合ったことはすべて大使館の機転によって解決できることだよね。それが実行されておれば問題は起こらなかった。

**高山**　そういう無能が、あの戦争を原爆投下まで続けさせる原因になったのかと思うとやりきれないよ。

# 13 アメリカのエージェントとなった外務省

**宮崎**　日米開戦に当たって、外務省がいかにお粗末であったか。そしてそのお粗末がいかに戦禍を大きくしたかということを見てきたわけです。ここから戦後の話に移りましょう。日本は昭和二十（一九四五）年九月二日に、戦艦ミズーリ号の上で降伏文書に署名して正式に降伏し、占領軍の指揮下に入るのだけれど、占領軍は最初、軍隊と同じように外務省もつぶすつもりだった。アメリカから見た時、外務省には明らかに戦争を起すことに関与したという開戦責任があると見ていたからだ。

**高山**　そりゃそうだよね。少し前に戻れば、大正四（一九一五）年、大隈重信の内閣の時、袁世凱の口車に乗って、あえて強硬に押し付けているかのように装って、対華二十一か条要求を出した。

それから昭和六（一九三一）年の満洲事変にかかわって、昭和八（一九三三）年に国際連盟を脱退する。昭和十一（一九三六）年、日独防共協定だ。昭和十三（一九三八）年には「国民政府を対手にせず」のいわゆる近衛声明。そして、昭和十五（一九四〇）年の日独伊三国同盟。

そして極めつけが真珠湾攻撃による無通告開戦だ。アメリカから見たら外務省の戦争責任は明白だ。

**宮崎**　終戦時にアメリカ国民は、無通告の真珠湾攻撃はワシントンの日本大使館のミスによって起こったことを知らなかった。日本が初めから計画的に無通告で攻撃したと思い込んでいた。

**高山**　だから外務省が廃止の対象になるという口実にはなりえた。陸軍や海軍と同様に。米国はキューバやフィリピンを支配した経験から、統治手段として、まず外交権を取り上げようと考えていたフシもある。日本はそこまでは譲らなかった。

**宮崎**　九月二日、ミズーリ号の上で降伏文書に署名が終わったのは午前九時過ぎ。この日の午後、占領軍は、「日本国民に米軍票を使用させ、日本の裁判所を閉鎖し、米国軍事法廷で一切の裁判を行う」という布告を公表すると通告してきた。直接占領をする、つまり軍政を敷くということだ。

**高山**　受諾したポツダム宣言の前提と違うじゃない。

**宮崎**　慌てた日本政府を代表して、重光葵がマッカーサーに直接談判して事なきを得た。つまりは占領軍の占領政策はいったん日本政府に発し、日本政府がその指示のもとに占領政策を進めるということ。間接統治である。

重光という人は、まだ歴史的評価がされていませんが、かなり能力の高い、それこそ歴史的な危機を管理できる稀有の人物だったと思います。

**高山**　重光の談判は迫力があったらしいね。で、外務省解体の話は?

**宮崎**　間接統治となると、日本政府と占領軍の窓口が必要だということになる。そうすると日本には潜在的には主権が残っているということから、一種の外交として、占領軍との交渉は外務省の仕事とするのがよいということになる。その方が日本国政府のメンツも立つということになる。でも占領軍との交渉を全て外務省に任せるというのは、その能力を危惧してね、従来からあった不信感ね、日本政府内部に異論が出てくる。

**高山**　日本政府から見れば、占領政策の実施ということでは、外務省が窓口になってすむ問題ではない。もっと広範な交渉が必要になってくる。

**宮崎**　だけど結局、外務省は解体されず一応、窓口ということになって残ることができた。

**高山**　このようにして占領軍のお目こぼしのような形で残った外務省は以後、占領軍の忠実な犬になっていくわけだ。

**宮崎**　そう、それだけではなく、不思議だけど占領軍の支配下で外務省中枢に居残り続けたのは、日米開戦に最も責任のあるドイツの大使館にいたキャリア組と、アメリカの大使館にいたキャリア組なのです。

**高山**　杉原千畝なんかのノンキャリアは追放されていく。この話、読んだことがある。杉原がいれば、ロシア語に堪能であり、ソ連の情報を取るのにも役立ったし、ユダヤ人を助けたこともあってアメリカからの信用も得られやすい。だけど、その分だけキャリア組にとっては、危険な人物になるから真っ先に追放した。

**宮崎**　占領解除前後に、駐独大使館や駐米大使館にいたキャリア組はみんな出世する。日米開戦時の真珠湾攻撃の際、最後通告を時間通りに手交できなかったことの責任者井口貞夫は昭和二十六（一九五一）年の講和条約締結の際の事務次官。タイプを打たないで遊びに行った奥村勝蔵は占領解除後に外務次官になる。
駐独大使館にいた外交官で責任を取って自ら身を引いたのは大島浩だけ。もっとも大島は根っからの外務省キャリア組ではなく、陸軍出身でした。

**高山**　こうした連中がアメリカ軍の言いなりになった。なったからこそ中枢に残れた。戦争責任があるからこそ、この二つの大使館のキャリア組は結束し、なおかつ占領軍の言いなりになる。彼らが結局、アメリカの犬になる。戦後の日本の外務省の原形を作ったんだ。

簡単に言えば、占領軍の押し付ける自虐史観を国民に流し込む、アメリカのエージェントとも言えます。昭和六十（一九八五）年だったか第二次中曽根内閣で、小和田恆《ひさし》外務省条約局長は、サンフランシスコ講和条約で日本は東京裁判を受け入れているから、日本は永久にハンディキャップ国家だと国会で言った。

**宮崎**　「裁判」は誤訳、正確には「判決」だ。つまりは判決に基づく刑の執行を請け負ったわけだ。確かにサンフランシスコ講和条約で、東京裁判に対して再審を求めるなど異論を唱えることはできなくなった。しかし講和条約というのは、戦争状態を終えて対等な主権を回復するということでしょう。

回復の際に、戦争状態の中であったことに異論をさしはさめないということはあっても、歴史認識では拘束されるわけではない。日本は東京裁判の歴史認識に拘束されているはずがない。何ゆえに法的に解釈しても成り立たないような、バカなことを言うのかね。

**高山**　それを認めている内閣法制局がいけないんだ。内閣法制局というのは、いまは左翼の巣窟みたいになっちゃった。まるで「聖職」だ。戦前は単に「法制局」といってすこぶる権威のある政府の機関だったんだ。万人を納得させる法理論を展開させていた。これが占領下で占領軍と衝突することになる。特に占領軍と対立する意図はないけれども、筋を言うものだから占領軍が怒って解体したんだ。昭和二十三（一九四八）年のこと。そして占領軍のイエスマンばかり集めて別の組織をつくるんだよね。

占領解除となって、昭和二十七（一九五二）年に再度「内閣法制局」として復活するんだけど、もうかつての法制局じゃない。腰抜けばかりが集まっているのが新しい法制局です。

思い出すよね。この前の安倍内閣で、集団的自衛権で憲法九条の政府解釈を変更しようとしたら、歴代の法制局長官がみんな反対した。彼らは第九条の解釈にかかわって、一番大切なのは我が国の安全をどう守るかということなのに、それに対する配慮はまったくしないで、文言の解釈ばかりをしていた。滑稽極まりない状況。これがまさに「法匪」ってやつでしょう。

**宮崎**　ずばり言って内閣法制局なんて要らないんじゃないの。

# 14 外交官試験廃止

**高山**　外交官試験は平成十二年実施を最後にして廃止されるのだけれど、先の日米開戦で「最後通告」をキャリア組でタイプできるのは一人しかいなかったということなどを見ると、外交官試験もさりながら、以後の養成教育がまったくなっていない。

森喜朗内閣の時じゃないかな。外交官試験というのが国家公務員試験に吸収される。

それまでは外交官試験というのをやって、大使が受験生を審査するんだけど、受験生の中にかなりの人数の大使の息子がいるわけだよ。だいたい一回二五人くらいとる。後の大使になる外交官を。その二五人のうちの五人は確実に大使の息子枠なんだよ。それで残りの二〇人はどうするかといったら入省後、大使の娘を嫁さんに取るわけ。だから外務省というの入ってみれば、門閥ではなくて、閨閥つながりというわけじゃないけど、血のつながりというか。これは冗談みたいな話だけど、外交官が死にましたという葬式で、全部親族席に座るっていうんだ。

**宮崎**　となると一般席はほんのちょっと。

**高山**　一般席はなし。ないんだよ、これは。つまり外交問題は常に息子の職場の問題であり、女婿の問題になる。だから事を荒立ててはいけないわけ。相手国と事を構えたりしたら、息子はそこに駐箚《ちゅうさつ》大使として行けないから。

**宮﨑**　私、前から言ってるんだけど、外務省と防衛省を入れ替えたらいい。

**高山**　まだ防衛省の方がずっとまし。

**宮﨑**　そうして国を思う人たちと、国よりも自分たちの血族関係が大事な人たちと入れ替えたらいい。

**高山**　感覚が全然違うんですね。普通の国民と。

**宮﨑**　そのうえ、自虐史観にどっぷりつかっていて話にならない。

**高山**　そうそう。だから、気迫に満ちた交渉を行った外交官がほとんどいない。あれは一九七三年三月だ。ＰＬＯのテロ組織「黒い九月」がスーダンでサウジアラビア大使主催のパーティを襲った。彼らはイスラエルに捕えられた仲間の釈放を要求し、パーティに来ていた米大使クリオ・ノエルに同公使ジョージ・ムア、公使ギー・アイドを次々処刑していった。ノエル大使は処刑前、妻に別れを言い、息子に「私に代わって母を大切にしてほしい」と告げ、裏庭に向かった。しばらくして数発の銃声が聞こえたと家族は語っていた。

その翌年の九月、「黒い九月」は日本赤軍と協力してクェートの日本大使館を襲った。口の軽い日本赤軍兵士が捕まっていた。その釈放を求めてのテロだった。

その時の大使が石川良孝で、こいつは女性の更衣室に逃げ込んで震えているところを見つかって、引きずり出される。

外務省に電話してきて「助けてくれ、殺される、殺される」と、もう震え声で命乞いをして、結局、日本はテロリストの言葉を全部飲んで彼は助かるんだけど、片一方のアメリカ大使は悠揚迫らざる臆することのない態度で処刑されている。対して日本大使はなんて恥さらしだと。石川良孝という大使は戻ってきて出世しているんだ。これも外交官試験と縁故の関係。外務省は日本のために外交をやっているんじゃないんだ。

**宮崎**　神経が違うようですね。平成九（一九九七）年、ペルーの大使公邸が襲われて、青木盛久大使が救出された時に、天皇陛下の写真ではなく、橋本龍太郎の写真を持って出てきた。「おかげさまで事件は解決しました」と。橋本は何をしてたかというと、外務省本部に毎日、アンパンを届けただけじゃない。あいつはあだ名はアンパンマンっていうんだけど。
仮にも大使は、全権駐箚大使というのは、天皇陛下の名代であって、首相の名代ではない。国家のあり方、外交の基本が外務省は分からなくなっている。青木は確かタンザニアに飛ばされたんだけど、森喜朗が首相の時に何かの仕事でタンザニアに行った。そうしたら酔っ払って絡んできて、ぐちゃぐちゃ言ってたと。彼は青木周蔵の曾孫でしょう。

**高山**　親子三代、大使の息子が大使になれたのはまさに外交官試験のおかげだった。それから、平成十四（二〇〇二）年の中国瀋陽の事件、脱北者の家族が亡命するために日本領事館に逃げ込んできた。支那官憲が領事館内に入り込んで引きずり出す際に、一切関わろうとしなかった。外交官の務めも忘れている。目の前で人がどんなに泣き叫ぼうが殺されようが関係ない。この事件の時に分かったんだけど、外務省には危機に陥った時、「逃げろ」「対応するな」「抗議は後でする」という行動指針が伝授されているらしい。

**宮崎**　本当なの？　それでは外交の役割は果たせない。

**高山**　そうだ。これも言っておかなければならない。
平成四（一九九二）年。モロッコの首都ラバトで岡本治男公使が酔っ払って自動車を運転し、タクシーに追突し、その事故で現地住民を死なせた。当然懲戒免職だよね。だけど、驚いたことに停職一か月。そして、最後にはドミニカ共和国の特命全権大使になっているんだ。これなんか、省内によほど強い姻戚関係があったんだろうと考える。これでは外交官のための外交官であって、到底、日本のための外交官だとは言えないね。

**宮崎**　外交官試験は廃止となったけど、その外交官試験制度のもとで何がなされていたか、外交官の在り方は根本的に検討がいる。そうした負の遺伝子が外交官試験によって親から子へ伝えられていた。

# 15　ノンキャリアを虐める外務省

**宮崎**　にもかかわらず、手柄を立てたノンキャリアを虐めるんだよね。その典型が杉原千畝。ユダヤ人を救ったということで、占領期に利用価値があるのに、過員の整理の中に入れて解雇する。

しかし同時に杉原千畝ほど、美化されすぎている外交官もいないんじゃないの。この人が戦後何をやったかというのを見れば分かるわけですよね。戦後、語学が流暢ゆえにロシアに取り込まれて、いわゆるロシアのエージェントになったフシさえありますね。

**高山**　ユダヤ人救済をやったのは杉原だけでなく、昭和十一年の五相会議のときの東條英機だとか。上海にユダヤ難民が来た時もゲシュタポのヨーゼフ・マイジンガーが来て、日本人が受け入れたユダヤ人を揚子江に沈めて処分しろと命じたが、海軍大佐犬塚惟重が追い返しているよね。

日本人は人種差別だとか、ユダヤ人差別とか、やっていない。人としてごく当たり前に対応して、杉原だって全く同じだったと思うんだけどね、対応は。特に彼だからどういうんじゃなくて、その任にある者はみんなやった。

**宮﨑**　杉原はリトアニアのカウナス、その前は、ハルビンにあって、ハルビンの特務工作に従事していた。ロシアのエージェントを山のように雇って、ロシアの女と最初の結婚をしたでしょう。裏を知りすぎたんだと思うのですよ。だから逆に言うと佐藤優さんのような切れ者は、外務省の中では出世できない。

**高山**　オトボール事件もある。逃げてきたユダヤ人が雪のため満洲国境から入れなかった。それを知った関東軍少将樋口季一郎が東條英機の許可を得て助けた。ちゃんとした人はいるわけよ。しかし、問題なのは、上海の日本租界に逃げ込んだマイケル・ブルーメンソール。彼は日本に助けられた恩を忘れて、上海に行って中国人と一緒に日本人に迫害されたと言っている。彼はカーター政権の財務長官をやって、日本に不合理な円高を強要した男として知られてる。

**宮﨑**　ブルーメンソールですか？　あれはバローズの社長をやって、バローズの経営をおかしくしたのに、商務長官でしょう、確か。

**高山**　ケネディの時、通商交渉補佐官をやっている。アメリカで偉くても、日本が助けてやったのを忘れ、まるで日本人がユダヤ人を迫害したようなことを言うんだ。彼の言葉をもとに今度、中国が記憶遺産で、ユダヤ人は我々中国人が助けたみたいなことを言いました。支那人と同調するブルーメンソールのせいで、日本人全体がユダヤ人に悪い印象を持つよ。

**宮崎**　何しろユダヤ人はアメリカのマスコミを牛耳っていますから。

**高山**　不遇のノンキャリアと言えば、昭和六十二（一九八七）年にアブダビを発って、バンコクの近くで爆破された大韓航空機の事件があった。この時、爆薬を仕掛けたのは北朝鮮の工作員で、日本人の父と娘を装った人物。このとき逮捕の際、父親役は毒を仰いで死ぬけれども、娘役を演じていた北朝鮮名・金賢姫《キムヒョンヒ》は逮捕された。この時、いち早く爆破事件の可能性があると犯人割り出しのきっかけを作ったのは、当時アラブ首長国連邦日本大使館に勤務していた二等書記官。当時の防衛庁から出向していた矢原純一氏。そして実際に犯人逮捕にこぎつけたのは、在バーレーン日本大使館に務めていた砂川昌順という理事官。いずれもいわゆるキャリアではない。

もしね、この二人が犯人逮捕にこぎつけなければ、極めて巧妙に仕組まれていたから、この爆破事件は永遠に日本人が仕掛けたことになっていた。

しかし、外務省はこの二人に褒賞《ほうしょう》は与えなかった。砂川は結局、外務省を辞めることになるし、矢原は、自衛隊に帰ってからも、外務省の影響があるのか、変な雰囲気があって、自衛隊内で冷遇される。

**宮崎**　ノンキャリアの功績を認めないのは、キャリアの嫉妬だね。

**高山**　矢原純一氏の機転はすごかった。アブダビを発ってバンコクに向かっていて行方不明となった大韓航空機に、日本人の旅客はいなかったということを知らされて、それで何もしなければそのままなんだけど、爆破を予感してアブダビで降りた乗客に不審者のいる可能性を調べてみると、日本人らしき名前の男女がいて、その二人がバーレーンに向かったことを突き止めて、バーレーンの日本大使館に調べるよう連絡を取ったのです。

そのあとが砂川氏の活躍になる。この二人は日本の名誉を守る大手柄を立てたけれど、どちらもその後恵まれないまま終わる。

そうそう、日本のこころの党の党首、中山恭子さんが、平成十一（一九九九）年、ウズベキスタンの大使になった。赴任するとすぐにキルギスで日本人の鉱山技師四名の人質事件が発生した。そして人質は、中山さんの兼務地タジキスタンの山岳深くに連行された。

**宮崎**　あのとき日本はいくら払ったなんてことは知らないなんて、当時の外務高官は言いますが、金を払ったのは事実ですよ。解放されたのはフェルガナ盆地でしょう。キルギスの中のウズベキスタンの飛び地。あの辺は馬の名産地で、フェルガナなんて名馬の産地です。

**高山**　そこでね。その山岳地帯に乗り込んで解放にこぎつけたのは、中山恭子さん自身だった。佐々淳行の『私を通りすぎたマドンナたち』（文藝春秋）に詳しいが、彼女はこの時の髙橋博史参事官に全幅の信頼をよせて行動した。この時のウズベキスタンの日本大使館の全職員が一丸となって、まさに生命をかけて救出にたどりついた。

だけど外務省の本当のお偉方はキルギスの大使館に待機しているわけ。そこで解放された技師らをキルギスまで連行して、そこで解放の記者会見をした。

ということは、生命の危機を冒して実際に解放に貢献した中山大使以下、ウズベキスタンの館員は、キャリア組も含めて多くのノンキャリアが動いていたのだが、外務省にすれば他所者の中山さんも、そしてノンキャリアもすべて無視したというわけだ。

**宮崎**　平成十四（二〇〇二）年、佐藤優氏は国策捜査により、外務省で邪魔になったから追い出されたわけでしょう。佐藤氏はときどき変なことも言うけれども、彼のロシアに在任していたころの情報収集と分析はすごかった。その彼が不透明な金の使い方をしたなどとして逮捕された。国策捜査だね。はっきり言って。

彼がノンキャリアでなければこんなことにはならなかった。

**高山**　あの時、僕が知っているのは、我が産経の斉藤勉が彼と親しくてね。あのロシア共産党の消滅をスクープした。それができたのは佐藤優氏のおかげだった。それだけ夢を持ち、懸命に情報を集めていた。大した人材です。

# 16 教育主権を中国、韓国に譲り渡した

**宮崎** 次に教科書をめぐる外交問題を話し合いましょう。昭和五十七（一九八二）年、教科書誤報事件の時の騒ぎはすごかったよね。

あれは高校歴史教科書の検定で、当時の文部省が「侵略」を「進出」と書き換えさせた例はないのに、マスコミが一斉にそんな書き換えをさせたと誤報した。

**高山** 文部省の記者クラブで検定結果を分担して調べていた時、記者としては練度の低いテレビ系の記者が間違えて「侵略」を「進出」に書き換えさせたと報告した。それで一斉に誤報しちゃった。六月二十六日だったかな、誤報は。そしたら、丁度一か月後の七月二十六日、中国が抗議してきた。

**宮崎** 後に社会党の委員長となる土井たか子が中国を焚きつけたという説もありました。

**高山** それでさらに一か月後の八月二十六日、当時の鈴木善幸内閣の宮沢喜一官房長官が「ア

ジアの近隣諸国の友好、親善を進めるうえでこれらの批判に十分に耳を傾け、政府の責任において是正する」といういわゆる官房長官談話を出した。だけど、大もとの「侵略を進出に書き換え」は誤報だった。しかもこの時、問題なのは、政府は誤報だということを知っていたんだ。文部省はこうした書き換えの事実があるか当然調べた。そうしたらなかった。そのことが七月初めにはすでにはっきりわかっていた。

**宮崎**　にもかかわらず、政府は「政府の責任において是正する」という官房長官談話を出した。

**高山**　ふざけた話だよ。何を是正するの。

**宮崎**　この時、宮沢談話を出させるように政府を主導したのは外務省。文部省が誤報であると発表しようとするのを抑えて、官房長官談話を出させた。話は突拍子もなく米国のドナルド・トランプに飛ぶけど、彼は米国教育省の廃止を提言しています。教育を悪くした元凶だと。日本におきかえると文科省を廃止せよ、と言っているわけです。

**高山**　当時の首相の鈴木善幸は到底、首相の器ではなかった。だけど、宮沢も愚かだ。そして外務官僚のバカ、幣原喜重郎の戦後版だね。なぜ誤報なら誤報だと言って解決できなかったのだろう。

**宮崎**　教科書問題はさらに悪い方向へ発展する。外務省は教科書誤報事件のあと、反省しているかと思ったら、少しも反省していなかった。昭和六十一（一九八六）年ね。原書房の高校歴史教科書『新編日本史』をめぐって外交問題が起きた。

**高山**　朝日新聞が焚きつけたあの事件ね。五月二日だったね。検定合格直前にあったんだけど、まだ検定合格の発表のない時に、この教科書についてスクープ記事が出る。

検定合格の発表は五月十日だったんだけど、スクープ記事の反響に押されて、まず文部省が検定合格済の教科書に修正を加える。

そして六月四日だよね。中国外務省がこの教科書に対して非難声明。七日には韓国も批判を始める。批判の中味は、日華事変を侵略戦争にしろとか、南京事件について「南京大虐殺」と書けとか。朝日新聞の焚きつけ通りだ。

この時の首相は中曽根康弘だった。何と中曽根は海部俊樹文部大臣に修正せよと指示するんだ。中曽根がだよ。

原書房の社長はとうとう北京に行くことになった。この時、外務省の藤田公郎アジア局長は、この社長に何と言ったと思う？

「戦後四十年、中国やアジアで重ねてきた外交努力が水泡に帰すから」と言って検定申請を取り下げるよう言ったんだ。

**宮崎**　それが外交ですかね。どこの国の外交がそんなバカなことをするんでしょうか。

**高山**　それでさ、原書房は申請を取り下げなかった。そしたらどうしたと思う？　外務省は修正箇所を指して、そこをこのように直せと、修正文を出してきた。本来、修正文を示して修正を指示することは文部省の検定としてありえない。にも関わらず外務省は命じてきた。

その時の文部省は弱いよね。ありえない修正なのに外務省の指示を受け入れて三〇項目にわたって教科書の修正を指示した。当然、原書房やこの教科書の執筆者は抵抗する。文部省と激しいやり取りの後、七月四日の午前五時、決着したという。

**宮崎**　つまり、日本は教科書づくりで中国や韓国の指示によって修正したのだから、教科書については中国や韓国の属国になったというわけだ。ひどい話です。教育の主権を中国や韓国に譲り渡したということになる。

**高山**　七月七日、この教科書を作った国民会議、今の日本会議の中心母体だけが記者会見し、「教科書を外交取引の具にして、主権を放棄した」と批判した。当然だ。

**宮崎**　こんな外務省を抑えられなかった中曽根も悪い。中曽根個人はこの教科書を評価していたらしいけど、やったことを見れば、日本を売り飛ばしたと言われても仕方がないでしょうね。この時の官房長官が後藤田正晴。これが一番悪い。中国、韓国の批判が内政干渉に当たるとしながらも「はねつけることはできなくなってきている」と言って、この干渉を全面的に受け入れた。いささか溜飲の下がるのは、この時、この教科書の制作に噛んでいた、元国連大使の加瀬俊一氏の言った言葉でした。外務省のアジア局長が中曽根首相も申請取り下げの意向だと言って、この教科書の制作に関係していた加瀬俊一氏のところに行って、検定申請を取り下げてくれないかと頼んだ。このとき加瀬氏は叱って言った。

「外交とは外国の気持ちを推し量るだけでなく、日本の国民の気持ちも考えるものだ」と。

**高山**　当たり前だよね。

**宮崎**　教科書問題はまだ終わらない。平成八（一九九六）年、中学校の歴史教科書に一斉に従軍慰安婦の強制連行のことが載った。

ありもしない、この不名誉な記述に憤激した国民が、翌年一月「新しい歴史教科書をつくる会」を結成した。この「つくる会」が日本の名誉を回復させるための教科書として、平成十二（二〇〇〇）年、自ら制作した『新しい歴史教科書』を扶桑社から出して検定申請をした。

**高山**　そしたら外務省が不合格の画策をした。

**宮崎**　そう、その年の十月十三日かな。産経新聞にスクープ記事が載った。

**高山**　「元外交官審議委員／検定不合格を工作／外務省幹部も関与の疑い」、という見出しだったよね。実は検定審議会の委員に外務省枠というものがあって、外務省から推薦された野田英二郎という委員がいた。この委員が「つくる会」教科書を不合格にしようと委員会内で画策を始めた。これがばれて産経新聞のスクープ記事になった。

**宮崎**　皮肉なことに、この野田という男の画策が逆に問題になって、文部省としても「つくる会」の教科書を検定不合格にすることができなくなった。

**高山**　この時、外務省には不合格画策のために検討チームができていたというのは本当？

**宮崎**　そうらしい。課長級の人物が関わっていたという。国の予算を使って国民のために外交をする外務省が、同じく国の予算を使って教科書検定行政を行っている文部省に対して、非合法に特定の教科書不合格を画策する。

**高山**　売国奴というよりほかはない。日本に外交はなかったどころじゃない。

**宮崎**　さすがにいまだったら、昭和六十一（一九八六）年の『新編日本史』のような問題は起こせないね。中国や韓国の意向に沿って、教科書の記述を変えさせるなんてできない状況にようやくなった。

**高山**　それはそうでしょう。「つくる会」もよく頑張っているよね。外務省も変なことはできない。

**宮崎**　私は不思議に思うんだけど、こんな外務省の外交を、よく自民党は容認もしくは追認したものですね。これじゃ自民党というより自眠党だ。

# 17 慰安婦問題で朝日新聞と共犯になった外務省

**宮崎**　「日本に外交はなかった」という外務省の無能ぶりをよく表しているのは、慰安婦の問題ね。慰安婦の問題でも外務省の無能は想像を絶します。

**高山**　慰安婦の強制連行の問題だよね。いつも不思議に思うんだけど、慰安婦の問題はどこの国の軍隊でもある問題だ。むしろ慰安婦ではなく、強姦して歩く、これは米軍でもどこでもやっている。そっちの方が問題だ。米国は「一九八二年アメラジアン法」を作っている。米兵がアジア各国で強姦して生ませた混血児（Ameriasian）が余りに多い。父なし児を救済するため米市民権を付与するという趣旨だ。ベトナム、カンボジア、タイ、フィリピンにごまんといた。実は日本にも数千人いるが、日本に「米兵の強姦償い法」ですというのが厭で、日本の混血児はこの法の適用を外されている。そのいきさつを日本の新聞は書いていない。

米兵以外にも有名なのは韓国兵のベトナムでの大量強姦だ。いわゆるライダイハン。一般女子を強姦するのは戦後の朝鮮人、ロシア人ときりがないくらいある。

それは一切不問で、日本の慰安婦だけが許せない犯罪のように言う。言っていておかしいなと思わないのか。自分たちもやったように、つまり家に押し入って婦女子を引きずり出し、拉致して強姦して…という前段がないと不都合ではないか。朝日新聞はそこを衝いて吉田清治の作り話、済州島の慰安婦強制連行という形にした。これなら米兵の発作的な強姦より悪い。日本軍は組織だって拉致し、強姦した悪い奴らだなあということになる。いずれにせよ、日本の慰安婦だけ問題にしていこうという意図があるから、これは明確な日本を標的にした差別論争なんだ。

**宮崎**　七十年以上前の話を、今も問題にする理由がそこにあるんだ。

**高山**　それを問題にするんだったら、各国軍の強姦をまず処理しろよ。

**宮崎**　慰安婦問題は、また朝日新聞が犯人なんだけど、昭和五十七（一九八二）年に吉田清治という嘘つきが、朝日新聞に慰安婦狩りをしたと嘘の告白を書いた。

さらに朝日新聞は平成四（一九九二）年、慰安婦施設に軍の関与があったと報じた。これは衛生問題とか良い意味での関与だったんだけど、強姦より悪い強制連行があったかのような印象を与えながら、この軍の関与を報じていた。

そこから発展したのが、平成五（一九九三）年のいわゆる「河野談話」。この時の問題は、政府は慰安婦問題を徹底的に調べて、強制連行の事実はなかったという内容のものであったにも関わらず、河野洋平官房長官は発言の中で、強制連行はあったと発言した。

**高山**　その河野が今もってその発言を撤回しない。

**宮崎**　河野洋平って、不思議な人だよね。

**高山**　親に売られたりして、不本意に慰安婦になった人はいる。その人たちへ同情はするとして、それを軍が関与したかのようにいう強制連行とは違う。そこのところを曖昧にして、強制連行があったと言ったとき、韓国と日本の国家の間にどんな問題が起こるか。そんな問題を考えない河野は、まったく度し難い偽善者だよね。天性の偽善者だから偽善者としての痛みもない。そう思うよ。

**宮崎**　こじれにこじれた「河野談話」について、平成二十六（二〇一四）年「河野談話」作成時の官房副長官である石原信雄氏が国会で、日本側の資料では女性を強制的に従事させたという証拠は見つからなかったということを明らかにしたうえで、韓国の元慰安婦からヒアリングを行ったけれども「証言の事実関係を確認するための裏付け調査というものは行われていない」

と証言した。
　この証言の内容はすでによく知られていたことだけれども、それを談話の作成に関わった官房副長官が国会の場で証言したことの意味は大きい。朝日新聞の記事は嘘だということが国会の場で明らかになったことになる。

**高山**　この時、当時、日本維新の会の山田宏議員の活動が素晴らしかった。自民党は自民党内閣の官房長官を務め、後に党首まで務めた河野を国会に呼び出すのに難色を示す。
　そうした自民党の態度の前にうまく駆け引きして、河野洋平ではなかったが、石原官房副長官の参考人招致に成功したんだ。それで山田氏はこの前の参議院選挙では、古巣の次世代の党や日本のこころを大切にする党からではなくて、自民党から出て、当選した。だとすれば河野洋平をぜひとも国会に呼び出してほしいね。

**宮崎**　ともあれ、石原官房副長官の証言による雰囲気の盛り上がりで、平成二十六（二〇一四）年、八月五日と六日にわたって、朝日新聞が吉田清治に関連した十六本の記事を取り消した。これって、戦後ジャーナリズムを揺るがした大事件ですよ。

**高山**　石原信雄官房副長官の証言で、次は朝日新聞が国会に召喚されると読んで、先手を打って、吉田清治の記事を取り消したんだと思うね。

**宮崎**　結局、朝日新聞は昭和五十七（一九八二）年、吉田清治の嘘の記事を載せて三十二年間取り消さなかったわけだ。

**高山**　三流新聞もいいところ。日本の受けた被害は甚大だ。

**宮崎**　髙山さんと対談しているこの対談本は、朝日新聞をたたくのが目的ではないから、朝日叩きはこの辺にして、問題は外務省。

**高山**　そうだよ。外務省は朝日新聞の嘘が世界を駆け巡って日本が貶められている時、何をした？　何もしなかったじゃない。

それどころか、平成八（一九九六）年、朝日新聞の嘘が元になって、慰安婦を性奴隷だと決めつけた、いわゆるクマラスワミ報告が国連人権委員会に出されて採択された時、反論文書を一度は用意しながら提出を取り下げた。何でそんなことするの？

吉田清治の記事が載ったのは昭和五十七（一九八二）年だけれど、平成四（一九九二）年には秦郁彦氏の研究で嘘だということがはっきり分かった。にもかかわらず朝日新聞が嘘だったとして取り下げるまでの三十二年間、外務省は慰安婦問題の誤った情報を糺すため何の行動も取らなかった。

だから思うの。これは杉原誠四郎氏が言っていたかな。日本を限りなく貶めた慰安婦問題の正犯は朝日新聞だけど、もう一つ共同正犯がいて、これが外務省。外務省が正しい情報が分かった瞬間にその正しい情報を世界に発信していたら、慰安婦問題は今のような問題にはなっていなかったよ。外務省の罪は重い。


**宮崎** 正しい歴史認識を広めなければならないという外務省の役割から見れば、南京事件でもひどかった。

あれは平成九（一九九七）年だっけ。日本を誹謗してアイリス・チャンという中国系アメリカ人が『ザ・レイプ・オブ・ナンキン―第二次世界大戦の忘れられたホロコースト』という本を出版した。中味は指摘するまでもなくデタラメ。

この時、日本国内でも「南京事件あった派」がまだ力を持っていて、南京事件の全面否定はできない雰囲気がまだ少し残っていた。だけどアメリカのチャンの言うようなことは到底ありえないということは常識になっていた。そこで平成十（一九九八）年、斎藤邦彦駐米大使がアメリカのテレビでチャンと対決した。しかし斎藤大使は、日本は謝罪したことを主張するばかりで、チャンの書いていることの内容に対する反論は一言もしなかった。これでは南京事件がチャンの言うとおりに事件としてあったことになってしまう。

南京に新築された南京大虐殺記念館に行って驚かされたのは、中庭に金ピカのアイリス・チャンの立像が建っていたことです。

## 18 南京事件が世界遺産になった

**宮崎** 南京事件をめぐる外務省の敗北はさらに深刻です。

平成二十六（二〇一四）年三月、中国は南京大虐殺の史料だとして、関係文書をユネスコの世界記憶遺産に登録申請していた。それが平成二十七（二〇一五）年十月九日にこの登録申請がユネスコに承認されてしまった。

世界記憶遺産というのは、歴史的な文書や記録を後世に残すべき遺産として登録する制度で、平成四（一九九二）年から始まった。

これに中国がありもしない「南京大虐殺」の関係文書を登録申請し、それが承認されたというんだからひどい。外務省は何をしていたの。

**高山** でも、さあ、どうやって史料を登録したの？　ありもしない事件なのに。

**宮崎** だから中国は登録しても、その史料をいまだ一部しか公開していない。

**高山** えっ、登録しておいて公開していないの？ 登録しておいて隠しているというわけだ。普通の国だったら登録しておいて公開しないなんて、できないよね。でも、もともと捏造史料だから公開などできない。

**宮崎** それにしても日本の外務省の取り組みはどうなっているのかね。中国の登録申請は一昨年、平成二十六（二〇一四）年の三月、その登録申請が明らかになったのが、三か月後の六月。しかし、何ら有効な手を打たなかった。

**高山** 分かった時、日本のマスコミにどうして流さなかったの。そのころ何も聞いていないよね。聞かされていなかった。

**宮崎** パリのユネスコには佐藤地《さとうくに》という女性の大使がいるが、ことの重大性の認識ができなかったようだ。そのために政府自民党への報告は遅かった。自民党執行部が知ったのは承認寸前だったらしい。

**高山** 思い出した。この時のユネスコの事務局長はブルガリア出身のイリナ・ボコバという女性。

**宮崎**　そう、ブルガリアの共産党員だった。言ってみれば札付きの左翼。

**高山**　ボコバは平成二十七（二〇一五）年九月に北京で開かれた、抗日戦争勝利七十年の記念式典に出席していた。天安門の上で習近平と一緒に写っていた。支那マネーを随分貰ったのだろう。

**宮崎**　ボコバがユネスコの事務局長として、この非常識な登録申請を却下すれば、この登録申請は阻止できたはず。だけど認めてしまった。中国のご機嫌をとったのですよ。次の国連の事務総長になりたくて。

**高山**　それを日本は指をくわえて見ているだけ。阻止できないの？　そんなのできなきゃまさに「日本に外交はなかった」だ。だったら、国連への分担金を支払わないようにすればいい。

**宮崎**　ユネスコの分担金を止めるだけでいい。今年（二〇一六年）の分担金はユネスコの運営資金の一〇パーセントで二億三千七〇〇万ドル。一位のアメリカが支払いを止めているから事実上一位。

**高山**　大金払ってありもしない嘘話で日本を貶めてもらっている。日本の外務省って本当に何もしない。金ぐらいストップしろ。

**宮崎**　だけどそんなことは日本としてはできないという論がすぐ出てくる。国連信仰がまだ日本人のメンタリティに大手を振っていますから。

**高山**　こんなありもしないことで日本が貶められているんだろ。だったら分担金を止めるのは当たり前だろ。

**宮崎**　「国連」なんて、「田舎の信用組合より信用がない」機関です。いつも侃々《かんかん》諤々《がくがく》の議論に振り回され、何も決まらないし、大事なことは常任五か国のうちロシアか中国が反対すれば、議案は通らない。

だから米国は最近「国連軍」では派遣できないアフガニスタン、イラク、シリアなどには「多国籍軍」あるいは「有志連合」という形で介入していますね。

「国連軍」というのは、朝鮮戦争を最後に、もはや紛争終結のためというより、紛争が終わってからの秩序維持部隊、つまり平和維持軍としての役割が主となって、ま、これなら自衛隊も行ける。

**高山**　さりながら、国連信仰に取り憑かれた日本は、国連中心主義という陥穽《かんせい》にはまり込んでいるにもかかわらず、自主的外交ができない劣勢を「国連、国連」と叫ぶことによってすり替えてきた。外務省の展開した国連外交重視は、最初から概念的誤謬なのです。

　日本は国連分担金をあれほど支払いながら、ちっとも成果はあがらない。常任理事国になろうとしたら、中国が反日運動を仕掛けて潰すことも起きましたね。ドイツとインドをセットにして日本を入れて貰おうとしたわけです。そもそも国連とは戦勝国連合です。敗戦国の日本はまだ「敵国条項」が残る国連憲章の削除を求めることから開始するべきなのに、そのプロセスを飛ばして、主要なプレイヤーになろうというのは無謀な試みであったと思います。もっと言えば日本語の「国連」などという訳語も止めたほうがいいでしょう。あれは「連合国」と翻訳するべきで、中国語はちゃんとそうなってます。

　さて国連に復帰した中国は、国連の下部構造を活用して、さかんに悪だくみを仕掛けています。韓国もこれに便乗して、南京大虐殺記念館が世界記憶遺産として登録され、日本は顔に泥を塗られました。軍艦島のときもそうでした。

　普通の国であるなら、これに対抗する措置を日本は取るべきであり、この方面でも外務省は実に頼りない。

**宮崎**　中国人学生の間には、今、「天安門事件」をユネスコの世界記憶遺産にという運動があるのです。日本はこれを側面支援する。外務省が表立って出来ないなら代理人を駆使する。外交工作に機密資金があるなら、そういう金を、こういう工作に使わなければいけないでしょう。

ともかく在日中国人、とくに留学生の間に、天安門事件をユネスコの記憶遺産に登録しようとする運動が急速に拡がっています。

**高山**　日本はね、なすべきことをなさないでお金を出すことで、外交的な成果をあげようとするところがある。平成二（一九九〇）年、例の湾岸戦争の時、日本は自衛隊を派遣せず、一三五億ドル払った。そのため大変な顰蹙《ひんしゅく》を買ったんだ。

あれは海部俊樹《かいふとしき》首相の時だった。

**宮崎**　実は私はニクソン大統領の『リアル・ピース』という著作の翻訳者でもあるのです。生前、一九八四年だったが、この日本版の打ち上げを兼ねるということでニューヨークのニクソンのオフィスへ押しかけ、独占インタビューをしたことがあります。

このころ、ふがいない日本外交にさすがのニクソンも呆れて「日本は巨大なインポテンツ」と比喩した。下品だけど何となくそのころの日本にふさわしい。（笑）

そして彼はこう続けたんですよ。「日本は（軍事力がないのだから）経済力を大いに外交の挺子《てこ》とするほうがいい」と。

**高山**　外務省のＯＤＡ担当者は、金を出すことが日本の外交だと公然と言っていた。元大使の男だ。

**宮崎**　外交的成果といっても結局、援助の額で決めているようなところがあります。一番の典型はミャンマーでしょう。アフガニスタン戦争の時に、アメリカに言われて日本は、ほとんど縁のないパキスタンにいきなり四千五〇〇億円援助するんですね。時の外務大臣は田中真紀子で「あんな汚いところ、私行かない」ってごねて、行かなかった。次にミャンマー。アメリカが突然態度を変えて、ミャンマーを承認する。ヒラリー・クリントンが飛んで行ったら日本も行って、それまでに貸していたお金、五千億円をチャラにする。そして新たに九一〇億円を付け足す。みんな自主的な判断でやっているわけじゃない。久々に自主判断でやったなというのはバングラデシュです。六千億円。何をしたかというと国連安全保障理事会の理事国の席を日本に譲ると。だから今、外務省のはき違えは、金銭だけで外交できると思っていることですよ。

**高山**　金で外交ができるのは間違いはないことで。

**宮崎**　まあ、それはそうだけど。

**高山**　国連にもユネスコにも金を出しているんでしょう。だからここでお金を出さないというのも外交だよ。要するに出すんじゃなくて、出さない外交をすればよい。
　だいたい、日本じゃなくても世界の外交はアメリカを基軸にして動いているところがあって、どうやったら動くかというとワシントンのロビー活動。要するに弁護士事務所がずっと今までやってきたわけです。日本は、それを唯一やっていない国。やれとは思わんけど、日本人はあいうところに行って金を使って弁護士事務所を雇って、どうやって宣伝するとか、どういう映画を作るとか、そんなことは日本人は逆立ちしても思いつかない。中国人や韓国人が一生懸命あそこで映画をつくったり銅像を作ったりしているけど、日本人は「外交ってそんなことまでするんですか」というスタンス。

**宮崎**　そうです。あれも外交の一環なのです。ついでですが、ここで個人的なことを申し上げておきたい。いまの日本外交がなってないのは、外務省の官僚的な体質の弊害があります。お役所仕事、縄張り意識と、省内だけの政治を見て出世だけはしようというおこがましい限りの処世術が目立つ。
　昭和四十七（一九七二）年でしたが、タイのバンコクで日の丸にバツ印をつけて、日貨排斥の学生運動が起こった。あとで判ったのは、大丸の進出を快しとしなかった地付きの華僑が学生を背後で煽っていたのですが、「イエロー・ヤンキー」とか日本批判が盛んで、それを朝日新聞が懸命に煽っていた時です。

国旗を侮辱されたことに憤慨して、私は学生団体を代表してバンコクの学生センターに抗議文を持って行ったことがあるのですが、外務省に事前に様子を聞くと「そういうことはおやめになった方が良いです」などと余計なアドバイスばかりでした。（笑）

ベトナム戦争のころ、サイゴンに取材でいたのですが、街頭で十歳ほどの少年に良いレートで両替を持ちかけられ百ドルほど騙されたことがありますが、翌日、サイゴンの日本大使館へ行くと「闇両替が違法なのですから」と大使館員は横を向いたまま取り合わない。

この態度の延長線上に、海外同胞の救出作戦に本気で取り組まない姿勢がある。某国駐在の大使は「邦人脱出のルートを日頃から確保したか」と問われ、即座に「出来ています」と答えた。詳細を問いただすと、何と自分の逃亡ルートだけは確保したということだった。

ですから一事が万事、ことほど左様に動いており、日米安保条約二十周年の日米セミナーを開催したときにも、外務省は一切協力しないばかりか、このセミナーに対し否定的でアメリカにひどい情報を流していた。

また個人的なことを言えば、アメリカの友人に頼まれて昭和六十（一九八五）年の国際青年年ジャマイカ大会に私は日本代表となったのですが、外務省はまったく知らん顔でした。レーガン政権の肝入りではあってもジャマイカ大会は「国連主催」ではないという理由で、実際には米共和党筋の支援で行われた反共の世界青年大会でもあったのですが、日本政府はソ連と北京で行われた国際青年大会の方には前向きで、反共陣営には背を向けていたのです。おかしいでしょう。

こうしたことが重なり、海外へ行っても私は大使館を訪ねたこともなければ、話を聞きに行ったことさえないです。つまり在外公館には情報がない。（爆笑）

# 19 三島由紀夫が乗り移ったストークス

**宮崎**　最近、英国人のヘンリー・ストークスがいいことを書いてくれました。ベストセラー入りした『戦争犯罪国はアメリカだった』（ハート出版）を読むと、東京裁判は茶番であり、戦犯はチャーチルとルーズベルトだと書いている。戦勝国の歴史家でこう書いた人は初めてではありませんか。何しろ氏はニューヨーク・タイムスの元東京支局長ですからね。
そもそも西部を開拓したマニフェスト・デスティニーとは、開拓ではなく虐殺と強姦と略奪のこと。つまり異教徒を殺せということになる。それを先ほど紹介した本にはっきりと書いている。

**高山**　同じことを英国人がいうと迫力がありますね。

**宮崎**　ストークスは江戸時代の鎖国についても評価している。併せて、近世から近代へ日本の歴史が動いていく中で「日本は五百年間独立と権益を守るため努力したのだ」と。
例えば、フィリピン。アメリカが占領してめちゃくちゃにした。三百五十年間スペインに支配され、四十年間アメリカに支配された。住民に役立つものなど何一つ作らなかった。ところが満洲では僅か十年で最大のダムを建築した。これは明らかに植民地ではない。大東亜戦争を戦っている時にですよ。これほど大きな力があったんだね。

**高山**　このストークスという人物を得たのはよかったね。英国人はアメリカ人よりプライドも歴史もあるから、粗野なアメリカ人のことも正直に指摘できる。ただ、今まではヒュー・コータッチのように白人優越意識が強くて、まあ身内のアメリカを差し置いて黄色い日本人の顔を立ててやることもないか、という思いがあった。おまけに『英国人記者が見た連合国軍戦勝史観の虚妄』（祥伝社新書）でストークス自身が書いているように、何世紀も輝いてきた不滅の大英帝国が黄色い日本人のために「たったの半年で瓦解されたなどどうして信じられるか」という痛哭があった。なかなか正直になれなかったとね。それを認めたということはすごいことだね。

**宮崎**　やっぱり三島が乗り移っている。最初に彼と会ったのは三島事件の翌年なんだけど、パレスホテルで会った時、長身でハンサムで、ちゃんとネクタイして。モラル重視、イギリスのキングズ・イングリッシュでした。

**高山**　この世界を何世紀も制覇して、日の沈むことのない大英帝国が、アジアの黄色い人間によって半年で帝国がつぶされたなんて、ホントに信じられるのかと思う。

プリンス・オブ・ウェールズが沈められ、一年もつはずの香港が落ち、マレーの要塞が落ち、まさかのシンガポールが落ち、そしてビルマも落ちてしまい、アンダマン海の制海権も失った。

それをヘンリー・ストークスが認めた。それについては加瀬さんとストークスの『英国人記者が見た　世界に比類なき文化』（祥伝社新書）という本で詳細を書いているじゃない。彼は得難い人物だね。

**宮崎**　ストークスの話から靖国の問題に移るけど、中曽根政権の時に靖国参拝を中国に言いがかりを付けられて止めたでしょう。そんなことで止めると外交カードを向こうに与えたようなものです。日本において靖国は日本の精神に基づいて祭祀をしている。他所《よそ》から文句を言われる筋合いはない。それはアメリカ大統領が戦死者の墓に行っても、日本人は文句を言ってはいけないのと同じです。

最近では、平成十三年にブッシュが小泉と一緒に靖国に行こうと言った気配がある。

**高山**　その時、行けば靖国問題は解決しているはず。外務省が抑えてるんですよ。

**宮崎**　抑えて、明治神宮に行くわけでしょう。だから明治神宮に行ったのに、小泉は車の中で待っていた。

**高山**　バカじゃないの。

**宮崎**　靖国問題の解決は外務大臣がまず参拝をする。そして総理を引っ張っていく。外務省がやれば他所の国は文句をなかなか言いにくいでしょう。軍隊が解体されたとなったら、一番トップの責任は外務省なんですよ。あの戦争は外務省にも責任があるといって、そして私は死んだ人は戦犯だろうと誰であろうと区別しないんだと言って参拝すれば、中国だって文句は言えないでしょう。外務省はそういうところをまったく放置してきたのです。

逆にいうと軍隊を解体されてしまったことが大きい。日本で一番のパワーがあり、優秀なのが軍人だった。その優秀な奴がいなくなったら、二流で優秀なのが、天下を取っちゃったわけ。我が世の春がきたのが外務省で、防衛省がやっと二〇〇七年に防衛庁から昇格しましたけど、まだみんな認識では二流の官庁なんだよね。要するに外務省は自分の戦争責任を自覚する能力もない。日本の外交がしっかりしておれば、あの戦争は起こらなかった。少なくとも、日米開戦に当たって指定時間通りに最後通告をきちんと渡しておけば、あんなにたくさんの人が死ぬような戦争にはならなかった。それほど大きな戦争責任のある外務省の長（外務大臣）が靖国を参拝しないのは許されることではない。

**高山**　まさに、小村寿太郎の言に倣えば「日本から外交がなくなった」ということだね。独立国の証の外交を放棄しているのだから。

【著者紹介】

**宮崎　正弘**（みやざき　まさひろ）

ジャーナリスト

1946（昭和21）年金沢市生まれ。早稲田大学英文科中退。学生時代に『日本学生新聞』を主宰、その後、雑誌『浪曼』企画室長を経て、貿易会社を経営し、国際ビジネスに携わった。1982（昭和57）年、『もうひとつの資源戦争』で論壇へ。

以後、国際情勢、米国やEU経済事情、中国問題などに健筆、著作は200冊近い。作家、文芸評論家としても多くの著作があるが、代表作は『蘇れ日本の正気』『吉田松陰が復活する』『保守の原点』など。最新作に『世界大乱で連鎖崩壊する中国、日米に迫る激変』（徳間書店）。近年は旧ソ連15か国と旧ソ連圏15か国合計30か国全部を踏破し、新作『全体主義の呪いは解けたか』に挑戦中。

**高山　正之**（たかやま　まさゆき）

ジャーナリスト

1942（昭和17）年生まれ。1965年、東京都立大学卒業後、産経新聞社入社。社会部デスクを経て、テヘラン、ロサンゼルス各支局長。1998（平成10）年より3年間、産経新聞夕刊1面にて時事コラム「異見自在」を担当し、その辛口ぶりが評判となる。2001年から2007年3月まで帝京大学教授。「週刊新潮」に連載中のコラム「変見自在」は熱狂的ファンも多く、名物辛口コラムとして高い人気を集めている。

著書に『変見自在　ジョージ・ブッシュが日本を救った』『変見自在　オバマ大統領は黒人か』『変見自在　偉人リンカーンは奴隷好き』『変見自在　プーチンよ、悪は米国に学べ』『「官僚は犯罪者」は世界の常識』などがある。

# 日本に外交はなかった

## 外交から見た日本の混迷


平成２８年９月２５日　初版発行
平成２９年２月１０日　２刷
著　　者　宮崎正弘・高山正之
発 行 所　株式会社 自由社
〒112-0005 東京都文京区水道２－６－３
TEL03-5981-9170　FAX03-5981-9171
発 行 者　加瀬英明
印　　刷　シナノ印刷株式会社





ISBN 978-4-915237-96-6　C0021
URL　http://www.jiyuusha.jp/　Email　jiyuuhennsyuu@goo.jp